JN411737

도미니카공화국에서 선교하시는 김종효 목사님과 과테말라에서 선교하시는 봉재춘 목사님께 드립니다.

Al reverendo pastor Kim Chong Hyo que evangeliza en la República Dominicana y el reverendo pastor Bong Jae Chun que evangeliza en Guatemala

365일 성경 공부

성경으로 배우는 스페인어

편저자 김 충 식

>> 김충식

1944년 전남 영암에서 출생.
한국외국어대학교 서반아어과 졸업.
1975년 종로외국어학원 스페인어 강사.
1978년 도서출판 월출 대표
1979년 스페인어문화원장
1980년 한국뻬루문화협회장
1984년 동아문화센터 스페인어 강사.
1985년 대입 전문 정진학원 스페인어 강사.
1986년 대입 전문 성지학원 스페인어 강사.
1990년 월간스페인어세계 발행인겸 편집인.
1992년 이후 스페인어 사전 집필에만 전념
현 재 한국사전협회 평생 회원
한국서어서문학회 평생 회원
한 · 중남미협회 회원
청문 외국어학원 강의중

편저서

- 스페인어사전(민중서림, 1990)
- 한 · 서 · 영 성구사전(韓西英聖句辭典)(쿰란출판사, 2000)
- 한서사전(민중서림, 2003)
- 포켓한서사전(민중서림, 2003)
- 사한 · 한서사전(재판 문예림, 2003)
- 서한 입문 사전(문예림)

스페인어 한국어 소사전
여행자를 위한 스페인어 회화
스페인어 테마사전

365일 성경 공부
성경으로 배우는 스페인어

초판 인쇄 : 2009년 10월 25일
초판 발행 : 2009년 10월 30일

저 자 : 김 충 식
펴낸이 : 서 덕 일
펴낸곳 : 도서출판 **문예림**
등 록 : 1962. 7. 12 제2-110호

주소 : 서울시 광진구 군자동 1-13 문예하우스 101호
전화 : (02)499-1281~2,
팩스 : (02)499-1283
http://www.bookmoon.co.kr
E-mail : book1281@hanmail.net

ISBN 978-89-7482-501-0

*잘못된 책이나 파본은 교환해 드립니다.

머리말

세계 최고의 베스트 셀러라는 성서를 간추려 편찬하게 되어 무척 기쁘다. 성서는 많은 분들이 알고 있듯이 어느 구절이고 하나 하나가 전부 시와 같이 아름다운 말로 쓰여진 영구불멸의 책이라 외국어를 습득하려고 하는 사람은 성서를 통해 외국어를 익히면 더할 수 없이 좋은 문장들을 접할 수 있고, 각 분야의 수많은 어휘를 배울 수 있어 아주 효과적인 공부가 되리라 생각한다.

기독교 신자이건 비기독교 신자이건 성서보다 더 좋은 내용을 가진 책은 없다고 여기기 때문에 "성경으로 배우는 스페인어"의 집필을 출판사로부터 제의 받고 흔쾌히 허락했으며, 어떻게 하면 효과적으로 스페인어를 학습할 수 있게 내용을 편집할지 고심 끝에 다른 책들과는 달리 하나의 구절을 세 개의 성경을 이용해 보기로 하고 그 내용들을 비교 검토함으로써 성서의 깊이와 스페인어의 학습을 동시에 이루도록 했다. 즉 LA SANTA BIBLIA VERSION REINA-VALERA (Revisión de 1960) 판, LA SANTA BIBLIA VERSION POPULAR (Segunda Edición) 판 및 LA BIBLIA Latinoamericana (Ediciones Paulinas Verbo Divino, XLVIII edición) 판을 함께 수록함으로써 독자들이 세 가지 번역을 보고 스스로 우리말 성서의 내용에서 행여 오류가 있거나 잘못 번역된 것을 알 수 있게 했다. 각 성서의 번역의 차이를 동시에 공부하면서 학습자의 스페인어의 번역 기술까지도 향상시킬 수 있다고 생각한다.

이 책은 앞에서도 말했듯이 우리말 성서 "성경전서 (개역개정판, 대한성서공회, 1998)"의 구절을 VERSION REINA-VALERA (V.R.), VERSION POPULAR (V.P.) 및 LA BIBLIA Latinoamericana (S.L.)의 세 번역판을 대조해 공부할 수 있게 했으며 스페인어 단어는 우리의 성경에 충실한 번역을 하려고 노력했으나 일부는 필자가 자의로 했다. 부록의 단어편은 극히 일부만 수록했으므로 학습자 스스로가 사전을 찾아보면서 공부하기를 바란다. 해설은 V.R.의 동사 중심으로 하는 것을 원칙으로 하고 경우에 따라서는 V.P.나 S.L.도 가끔 해설해 두어 독자로 하여금 이해가 쉽도록 했다. 또 매일 최소한 한 구절만이라도 공부하도록 365일 분량을 수록했으므로 독자가 알아서 참고하길 바란다.

부디 이 "365일 성경 공부, 성경으로 배우는 스페인어"를 반복해서 읽고 익혀 더욱 멋진 발전된 스페인어를 구사할 수 있기를 바란다.

2009년 9월

편저자 김 충 식

차례

365일 성경 공부

태초에
하나님이 천지를 창조하시니라 (창 1:1)

En el principio[1]
creó[2] Dios los cielos y la tierra. (V.R.)

En el comienzo de todo[3]
Dios creó[2] el cielo y la tierra. (V.P.)

Al principio[4]
Dios creó[2] el cielo y la tierra. (S.L.)

1. en el principio : 처음에, 태초에
2. creó : crear(창조하다)의 직설법 부정과거 3인칭 단수.
3. en el comienzo de todo : 만물의 처음에, 태초에
4. al principio : 처음에, 태초에

예수께서 이르시되
내가 곧 길이요 진리요 생명이니
나로 말미암지 않고는
아버지께로 올 자가 없느니라 (요 14:6)

Jesús le dijo[1]:
Yo soy el camino, y la verdad, y la vida;
nadie viene[2] al Padre, sino por mí. (V.R.)

Jesús le contestó[3]:
Yo soy el camino, la verdad y la vida.
Solamente por mí
se[4] puede[5] llegar al Padre. (V.P.)

Jesús contestó[3]:
Yo soy el Camino, la Verdad y la Vida.
Nadie viene[2] al Padre sino por mí. (S.L.)

해설

1. dijo: decir(말하다) 동사의 직설법 부정과거 3인칭 단수.
2. viene: venir(오다) 동사의 직설법 현재 3인칭 단수.
3. contestó: contestar(대답하다) 동사의 직설법 현재 3인칭 단수.
4. se: 누구나, 사람들은 ((재귀 대명사의 일반 사람 용법)).
5. puede: poder(할 수 있다)의 직설법 현재 3인칭 단수.

주 예수의 은혜가
모든 자들에게 있을지어다 아멘 (계 22:21)

La gracia[1] de nuestro Señor Jesucristo
sea[2] con todos vosotros. Amén. (V.R.)

Que el Señor Jesús derrame[3] su gracia[1]
sobre todos ustedes. (V.P.)

Que la gracia[1] del Señor Jesús
sea[2] con todos. Amén. (S.L.)

해설

1. la gracia: 은혜
2. sea: ser 동사의 접속법 현재 3인칭 단수.
   ser 동사의 접속법 현재의 활용은 sea, seas, sea, seamos, seáis, sean.
3. derrame: derramar(뿌리다) 동사의 접속법 현재 3인칭 단수.

악인은 그의 마음의 욕심을 자랑하며
탐욕을 부리는 자는
여호와를 배반하여 멸시하나이다 (시 10:3)

Porque el malo se jacta del[1] deseo de su alma,
bendice[2] al codicioso, y desprecia[3] a Jehová. (V.R.)

El malvado se jacta de[1] sus propios deseos;
el ambicioso maldice[4] y desprecia[3] al Señor. (V.P.)

El pecador se jacta de[1] sus malos deseos,
el sinvergüenza blasfema[5] y desprecia[3] al Señor. (S.L.)

해설

1. jactarse de: …을 자랑하다.
2. bendice: bendecir(축복하다)의 직설법 현재 3인칭 단수.
3. desprecia: despreciar(멸시하다)의 직설법 현재 3인칭 단수.
4. maldice: maldecir(저주하다)의 직설법 현재 3인칭 단수.
5. blasfema: blasfemar(모독하다)의 직설법 현재 3인칭 단수.

청함을 받은 자는 많되
택함을 입은 자는 적으니라 (마 22:14)

Porque muchos son llamados,
y pocos escogidos. (V.R.)

Porque muchos son llamados,
pero pocos escogidos. (V.P.)

Sepan[1] que muchos son los llamados,
pero pocos los escogidos. (S.L.)

해설

1. sepan: saber(알다)의 접속법 현재 3인칭 복수.
saber의 접속법 현재는 sepa, sepas, sepa, sepamos, sepáis, sepan으로 활용됨.

여호와께 감사하라
그는 선하시며
그 인자하심이 영원함이로다 (시 136:1)

Alabad[1] a Jehová,
porque él es bueno,
porque para siempre es su misericordia. (V.R.)

Den[2] gracias[3] al Señor,
porque él es bueno,
porque su amor es eterno. (V.P.)

Den[2] garcias[3] al Señor,
porque él es bueno,
– porque su amor perdura[4] para siempre. (S.L.)

해설

1. alabad: alabar(칭찬하다)의 vosotros의 긍정 명령
2. den: dar(주다)의 3인칭 복수 긍정 명령. dar 동사의 접속법 현재 3인칭 복수. dar의 접속법 현재는 dé, des, dé, demos, deis, den으로 활용
3. dar gracias: 감사하다
4. perdura: perdurar(오래 가다)의 직설법 현재 3인칭 단수.

07 DE ENERO 1월 7일

내가 진실로 진실로 너희에게 이르노니
한 알의 밀이 땅에 떨어져 죽지 아니하면
한 알 그대로 있고 죽으면 많은 열매를 맺느니라 (요 12:24)

De cierto, de cierto os digo[1],
que si el grano de trigo no cae[2] en la tierra y muere[3],
queda[4] solo; pero si muere[3], lleva[5] mucho fruto. (V.R.)

Les aseguro[6]
que si un grano de trigo no cae[2] en la tierra y muere[3],
sigue[7] siendo un solo grano; pero si muere[4], da abundante cosecha. (V.P.)

En verdad les digo[1]:
Si el grano de trigo no cae[2] en tierra y no muere[3],
queda[3] solo; pero si muere[4], da mucho fruto. (S,L.)

해설

1. digo: decir(말하다)의 직설법 현재 1인칭 단수
2. cae: caer(떨어지다)의 직설법 현재 3인칭 단수
3. muere: morir(죽다)의 직설법 현재 3인칭 단수
4. queda: quedar(남다)의 직설법 현재 3인칭 단수.
5. lleva: llevar(열매를 열게 하다)의 직설법 현재 3인칭 단수
6. aseguro: asegurar(확인하다)의 직설법 현재 1인칭 단수
7. sigue: seguir(계속하다)의 직설법 현재 3인칭 단수

DE ENERO 1월 8일

세계를 심판하시는 주여
일어나사 교만한 자들에게
마땅한 벌을 주소서 (시 94:2)

Engrandécete[1],
oh Juez de la tierra;
Da[2] el pago a los soberbios. (V.R.)

Tú eres el juez del mundo;
¡levántate[3] contra los altivos
y dales[4] su merecido! (V.P.)

Levántate[3], tú,
que juzgas[5] la tierra,
da[2] su merecido a los soberbios. (S.L.)

해설

1. engrandécete: engranderse(확대하다)의 tú의 긍정 명령
2. da: dar(주다)의 직설법 현재 3인칭 단수
3. levántate: levantarse(일어나다)의 tú의 긍정 명령
4. dales: da(주라)+les(그들에게)
5. juzgas: juzgar(심판하다)의 직설법 현재 2인칭 단수

못된 열매 맺는 좋은 나무가 없고
또 좋은 열매 맺는 못된 나무가 없느니라 (눅 6:43)

No es buen árbol el que[1] da malos frutos,
ni árbol malo el que[1] da buen fruto. (V.R.)

No hay árbol bueno que pueda[2] dar fruto malo,
ni árbol malo que pueda[2] dar fruto bueno. (V.P.)

No hay árbol bueno que dé[3] una fruta mala,
y el árbol que no es sano tampoco dará[4] fruta buena. (S.L.)

해설

1. el que: …하는 나무
2. pueda: poder(할 수 있다)의 접속법 현재 3인칭 단수
3. dé: dar(맺다)의 접속법 현재 3인칭 단수.
4. dará: dar(주다) 동사의 직설법 미래 3인칭 단수.

많은 친구를 얻는 자는
해를 당하게 되거니와
어떤 친구는 형제보다 친밀하니라 (잠 18:24)

El hombre que tiene amigos
ha de mostrarse[1] amigo;
Y amigo hay más unido que un hermano. (V.R.)

Algunas amistades se rompen[2] fácilmente,
pero hay amigos más fieles que un hermano. (V.P.)

Hay amigos que sólo son para ruina;
hay amigos mejores que un hermano. (S.L.)

해설

1. mostrarse: …이 되다, …로 행세하다
2. se rompen: romperse(부수다, 부서지다)의 직설법 현재 3인칭 복수

11 DE ENERO 1월 11일

내 신부야
네 입술에서는 꿀 방울이 떨어지고
네 혀 밑에는 꿀과 젖이 있고
네 의복의 향기는 레바논의 향기 같구나 (아 4:11)

Como panal de miel destilan[1] tus labios,
oh esposa;
Miel y leche hay debajo de tu lengua;
Y el olor de tus vestidos como el olor del Líbano. (V.R.) 

Novia mía, de tus labios brota[2] miel.
¡Miel y leche hay debajo de tu lengua!
¡Como fragancia del Líbano
es la fragancia de tu vestido! (V.P.)

Los labios de mi novia destilan[1] pura miel;
debajo de tu lengua
se encuentra leche y miel,
y la fragancia de tus vestidos
es la[3] de los bosques del Líbano. (S.L.)

해설

1. destilan: destilar(방울방울 떨어지다)의 직설법 현재 3인칭 복수
2. brota: brotar(나오다, 솟아나다)의 직설법 현재 3인칭 단수
3. la: la fragancia (향기)

12 DE ENERO 1월 12일

여호와 앞에 잠잠하고 참고 기다리라
자기 길이 형통하며 악한 꾀를 이르는 자 때문에
불평하지 말라 (시 37:7)

Guarda[1] silencio ante Jehová, y espera[2] en él.
No te alteres[3] con motivo del que prospera[4] en su camino
Por el hombre que hace[5] maldades. (V.R.)

Guarda[1] silencio ante el Señor;
espera[2] con paciencia a que él te ayude[6].
No te irrites[7] por el que triunfa[8] en la vida,
por el que hace[5] planes malvados. (V.P.)

Cállate junto al Señor y espéralo,
y no te indignes por el aprovechador.
Por el que vive intrigando,
para dañar al pobre y al débil. (S.L.)

해설

1. guarda: guardar(지키다)의 직설법 현재 3인칭 단수로 tú의 긍정 명령
2. espera: esperar(기다리다)의 직설법 현재 3인칭 단수로 tú의 긍정 명령
3. no te alteres(동요하지 마라): alterarse(동요하다)의 tú의 부정 명령
4. prospera: prosperar(형통하다)의 직설법 현재 3인칭 단수
5. hace: hacer(하다)의 직설법 현재 3인칭 단수
6. ayude: ayudar(돕다)의 접속법 현재 3인칭 단수
7. no te irrites(화내지 마라): irritarse(화내다)의 tú의 부정 명령
8. triunfa: triunfar(형통하다, 승리하다)의 직설법 현재 3인칭 단수

즐거워하는 자들과 함께 즐거워하고
우는 자들과 함께 울라 (롬 12:15)

Gozaos[1] con los que se gozan[2];
llorad[3] con los que lloran[4]. (V.R.)

Alégrense[5] con los que están alegres,
lloren[6] con los que lloran[4]. (V.P., S.L.)

해설

1. gozaos: gozarse(즐거워하다)의 vosotros의 긍정 명령
2. se gozan: gozarse의 직설법 현재 3인칭 복수
3. llorad: llorar(울다)의 vosotros의 긍정 명령
4. lloran: llorar의 직설법 현재 3인칭 복수
5. alégrense: alegrarse(즐거워하다)의 ustedes의 긍정 명령
6. lloren: llorar의 접속법 현재 3인칭 복수로 ustedes의 긍정 명령

14 DE ENERO 1월 14일

사람이 친구를 위하여 자기 목숨을 버리면
이보다 더 큰 사랑이 없나니
너희는 내가 명하는 대로 행하면
곧 나의 친구라 (요 15:13-14)

Nadie tiene mayor amor que éste,
que uno ponga[1] su vida por sus amigos.
Vosotros sois mis amigos,
si hacéis[2] lo que yo os mando[3]. (V.R.)

El amor más grande que uno puede tener
es dar su vida por sus amigos.
Ustedes son mis amigos,
si hacen[4] lo que yo les mando[3]. (V.P.)

No hay amor más grande que éste:
dar la vida por sus amigos.
Ustedes son mis amigos
si cumplen[5] lo que les mando[3]. (S.L.)

해설

1. ponga: poner(놓다)의 접속법 현재 3인칭 단수
2. hacéis: hacer(행하다)의 직설법 현재 2인칭 복수
3. mando: mandar(명령하다)의 직설법 현재 1인칭 단수
4. hacen: hacer의 직설법 현재 3인칭 복수
5. cumplen: cumplir(이행하다)의 직설법 현재 3인칭 복수

15 DE ENERO 1월 15일

나의 부르짖음을 들으소서
나는 심히 비천하니이다
나를 핍박하는 자들에게서 나를 건지소서
그들은 나보다 강하니이다 (시 142:6)

Escucha[1] mi clamor,
porque estoy muy afligido.
Líbrame[2] de los que me persiguen[3],
porque son más fuertes que yo. (V.R.)

Presta atención[4] a mis gritos,
porque me encuentro[5] sin fuerzas.
Líbrame[2] de los que me persiguen[3],
porque son más fuertes que yo. (V.P.)

Atiende a mi clamor, porque soy sumamente desgraciado.
Ponme[6] a salvo de mis perseguidores,
que me ganan en fuerza. (S.L.)

해설

1. escucha: 들어라
2. líbrame: 나를 건지소서
3. persiguen: perseguir의 직설법 현재 3인칭 복수
4. presta atención: 귀를 기울이소서
5. me encuentro: encontrarse(있다)의 직설법 현재 1인칭 단수
6. ponme: pon+me

16 DE ENERO 1월 16일

사랑하는 자들아 우리가 서로 사랑하자
사랑은 하나님께 속한 것이니
사랑하는 자마다 하나님으로부터 나서 하나님을 알고
사랑하지 아니하는 자는 하나님을 알지 못하나니
이는 하나님은 사랑이심이라 (요일 4:7-8)

Amados, amémonos[1] unos a otros;
porque el amor es de Dios.
Todo aquel que ama, es nacido de Dios, y conoce a Dios
El que no ama, no ha conocido a Dios;
porque Dios es amor. (V.R.)

Queridos hermanos, debemos amarnos[2] unos a otros
porque el amor viene de Dios.
Todo el que ama es hijo de Dios y conoce a Dios.
El que no ama no ha conocido a Dios, porque Dios es amor. (V.P.)

Queridos míos, amémonos[1] los unos a los otros,
porque el amor viene de Dios.
Todo el que ama ha nacido de Dios y conoce a Dios.
El que no ama, no ha conocido a Dios, pues Dios es amor. (S.L.)

해설

1. amémonos: 우리 서로 사랑하자
2. amarnos: 우리 서로를 사랑하다

17 DE ENERO 1월 17일

사랑에는 거짓이 없나니
악을 미워하고
선에 속하라 (롬 12: 9)

El amor sea[1] sin fingimiento.
Aborreced[2] lo malo,
seguid[3] lo bueno. (V.R.)

Amense[4] sinceramente unos a otros.
Aborrezcan[5] lo malo
y sigan[6] lo bueno. (V.P.)

Que el amor sea[1] sincero.
Aborrezcan[5] el mal
y cuidan[7] todo lo bueno. (S.L.)

해설

1. sea: ser의 접속법 현재 3인칭 단수
2. aborreced: aborrecer(미워하다)의 2인칭 복수 긍정 명령
3. seguid: seguir(따르다)의 2인칭 복수 긍정 명령
4. ámense: 당신들 서로 사랑하시오
5. aborrezcan: aborrecer의 ustedes의 명령
6. sigan: seguir의 ustedes의 명령
7. cuidan: cuidar(보호하다)의 ustedes의 명령

18 DE ENERO 1월 18일

내가 진실로 너희에게 이르노니
누구든지 하나님의 나라를
어린아이와 같이 받아들이지 않는 자는
결단코 거기 들어가지 못하리라 하시니라 (눅 18:17)

De cierto os digo,
que el que no recibe
el reino de Dios como un niño,
no entrará[1] en él. (V.R.)

Les aseguro
que el que no acepte[2]
el reino de Dios como un niño
no entrará[1] en él. (V.P.)

En verdad les digo
que quien no recibe
el Reino de Dios como un niño,
no entrará[1] en él. (S.L.)

해설

1. entrará: entrar(들어가다)의 직설법 미래 3인칭 단수
2. acepte: aceptar(받아들이다)의 접속법 현재 3인칭 단수

포악을 의지하지 말며
탈취한 것으로 허망하여지지 말며
재물이 늘어도 거기에 마음을 두지 말지어다 (시 62:10)

No confiéis[1] en la violencia,
Ni en la rapiña; no os envanezcáis[2];
Si se aumentan[3] las riquezas,
no pongáis[4] el corazón en ellas. (V.R.)

No confíen[5] en la violencia;
¡no se endiosen[6] con el pillaje!
Si llegan a ser ricos,
no pongan su confianza en el dinero. (V.P.)

En Dios me abrigo,
siempre en él confíen[5] la gente de mi pueblo;
pongan el corazón ante sus ojos,
Dios es nuestro refugio. (S.L.)

해설

1. confiéis: confiar의 접/현/2/복수
2. os envanezcáis: envanecerse의 접/현/2/복수
3. se aumentan: aumentarse의 직/현/3/복수
4. pongáis: poner의 접/현/2/복수
5. confíen: confiar의 접/현/3/복수
6. se endiosen: endiosarse의 접/현/3/복수

20 DE ENERO 1월 20일

너희를 영접하는 자는
나를 영접하는 것이요
나를 영접하는 자는
나를 보내신 이를 영접하는 것이니라 (마 10:40)

El que a vosotros recibe[1],
a mí me recibe;
y el que me recibe a mí,
recibe al que[2] me envió[3]. (V.R.)

El que los recibe a ustedes,
me recibe a mí;
y el que me recibe a mí
recibe al que[2] me envió[3]. (V.P.)

El que los recibe a ustedes,
a mí me recibe,
y el que me recibe a mí,
recibe al que[2] me envió[3]. (S.L.)

해설

1. recibe: recibir(영접하다)의 직/현/3/단수
2. al que: …하는 사람을
3. envió: enviar(보내다)의 직/부정과거/3/단수

재난은 티끌에서 일어나는 것이 아니며
고생은 흙에서 나는 것이 아니니라
사람은 고생을 위하여 났으니
불꽃이 위로 날아가는 것 같으니라 (욥 5:6-7)

Porque la aflicción no sale del polvo,
Ni la molestia brota[1] de la tierra.
Pero como las chispas se levantan
para volar por el aire,
Así el hombre nace[2] para la aflicción. (V.R.)

La maldad no brota del suelo;
la desdicha no nace de la tierra:
es el hombre el que causa la desdicha,
así como del fuego salen volando las chispas. (V.P.)

Porque la maldad no se afirman en el suelo,
la tierra se niega a producir la opresión.
El hombre engendra su propio castigo
y los temerarios atraen sobre sí la desgracia. (S.L.)

해설

1. brota: brotar의 직/현/3/단수
2. nace: nacer의 직/현/3/단수

22 DE ENERO 1월 22일

여호와여
주의 긍휼을 내게서 거두지 마시고
주의 인자와 진리로
나를 항상 보호하소서 (시 40:11)

Jehová,
no retengas[1] de mí tus misericordias;
Tu misericordia y tu verdad
me guarden[2] siempre. (V.R.)

Y tú, Señor,
¡no me niegues tu ternura!
¡Que siempre me protejan
tu amor y tu verdad! (V.P.)

Señor,
no disminuyas tus ternuras conmigo,
protégeme
con amor y lealtad. (S.L.)

해설

1. no retengas: retener의 tú의 부정 명령
2. guarden: guardar(지키다)의 usted의 명령

내가 진실로 진실로 너희에게 이르노니
내 말을 듣고 또 나 보내신 이를 믿는 자는
영생을 얻고 심판에 이르지 아니 하나니
사망에서 생명으로 옮겼느니라 (요 5:24)

De cierto, de cierto os digo; El que oye mi palabra,
y cree al que me envió[1], tiene la vida eterna;
y no vendrá[2] a condenación,
mas ha pasado[3] de muerte a vida. (V.R.)

Les aseguro
que quien presta atención a lo que yo digo
y cree en el que me envió, tiene vida eterna;
y no será condenado,
pues ya ha pasado de la muerte a la vida. (V.P.)

En verdad les digo: El que escucha mi palabra
y cree en el que me ha enviado, vive de vida eterna;
ya no habrá juicio para él,
porque ha pasado de la muerte a la vida. (S.L.)

해설

1. cree en el que me envió: 나를 보내신 자를 믿다
2. vendrá: venir(오다)의 직/미래/3/단수
3. ha pasado: pasar의 현재 완료 3인칭 단수

24 DE ENERO 1월 24일

구제를 좋아하는 자는
풍족하여 질 것이요
남을 윤택하게 하는 자는
자기도 윤택하여지리라 (잠11:25)

El alma generosa
será prosperada;
Y el que saciare[1],
él también será saciado. (V.R.)

El que es generoso,
prospera;
El que da,
también recibe. (V.P.)

El alma bondadosa
será saciada;
El que riega[2]
será regado. (S.L.)

해설

1. saciare: saciar(충족시키다)의 접/미래/3/단수
2. riega: regar(관개하다)의 직/현/3/단수

모든 육체는 풀과 같고
그 모든 영광은 풀의 꽃과 같으니
풀은 마르고 꽃은 떨어지되
오직 주의 말씀은 세세토록 있도다 (벧전 1:24-25)

Toda carne es como hierba,
Y toda la gloria del hombre como flor de la hierba.
La hierba se seca[1], y la flor se cae[2];
Mas la palabra del Señor permanece para siempre. (V.R.)

Todo hombre es como hierba,
y su grandeza es como la flor de la hierba.
La hierba se seca[1] y la flor se cae[2],
pero la palabra del Señor permanece para siempre. (V.P.)

Toda carne es como hierba
y su gloria como flor del campo.
La hierba se seca[1] y la flor cae,
pero la Palabra del Señor permanece eternamente. (S.L.)

해설

1. se seca: secarse(마르다)의 직/현/3/단수
2. se cae: caerse(떨어지다)의 직/현/3/단수

26 DE ENERO 1월 26일

그러므로
무엇이든지 남에게 대접을 받고자 하는 대로
너희도 남을 대접하라
이것이 율법이요 선지자니라 (마 7;12)

Así que,
todas las cosas que queráis[1]
que los hombres hagan[2] con vosotros,
Así también haced[3] vosotros con ellos;
porque esto es la ley y los profetas. (V.R.)

Así pues,
hagan ustedes con los demás
como quieran que los demás hagan con ustedes;
porque esto es lo que mandan la ley
y los escritos de los profetas. (V.P.)

Entonces,
todo lo que ustedes desearían de los demás,
háganlo con ellos:
ahí tienen toda la Biblia. (S.L.)

해설

1. queráis: querer(원하다)의 접/현/2/복수
2. hagan: hacer(하다)의 접/현/3/복수
3. haced: hacer의 2인칭 복수 명령

27 DE ENERO 1월 27일

아비의 훈계를 업신여기는 자는
미련한 자요
경계를 받는 자는
슬기를 얻을 자니라 (잠 15:5)

El necio
menosprecia[1] el consejo de su padre;
Mas el que guarda[2] la corrección
vendrá[3] a ser prudente. (V.R.)

El necio
desprecia la corrección de su padre;
el que la atiende,
demuestra inteligencia. (V.P.)

El insensato
desprecia la corrección paterna,
el que le hace caso
demuestra inteligencia. (S.L.)

해설

1. menosprecia: menospreciar의 직/현/3/단수
2. guarda: guardar의 직/현/3/단수
3. vendrá: venir의 직/미래/3/단수

28 DE ENERO 1월 28일

하나님이 바다를 변하여
육지가 되게 하였으므로
무리가 걸어서 강을 건너고
우리가 거기서 주로 말미암아
기뻐하였도다 (시 66:6)

Volvió[1] el mar en seco;
Por el río pasaron[2] a pie;
Allí en él
nos alegramos[3]. (V.R.)

Convirtió el mar en tierra seca,
y nuestros antepasados cruzaron el río a pie;
¡alegrémonos en Dios! (V.P.)

Dejó seco el fondo del Mar Rojo,
por el río pasaron caminando,
por lo tanto,
alegrémonos en él. (S.L.)

해설

1. volvió: volver의 직/부정과거/3/단수
2. pasaron: pasar의 직/부정과거/3/복수
   Por el río pasaron a pie. 사람들이 걸어서 강을 건넜다.
3. nos alegramos: alegrarse(기쁘다)의 직/부정과거/1/복수

29 DE ENERO 1월 29일

가난한 자를 구제하는 자는
궁핍하지 아니하려니와
못 본 체하는 자에게는
저주가 크리라 (잠 28:27)

El que[1] da al pobre
no tendrá[2] pobreza;
Mas el que[1] aparta sus ojos
tendrá[2] muchas maldiciones. (V.R.)

Al que ayuda al pobre,
nada le faltará;
pero al que le niega su ayuda,
mucho se le maldecirá. (V.P.)

No hay escasez
para el que da a los pobres;
en cambio, el que cierra los ojos
será maldecido. (S.L.)

해설

1. el que: …하는 자, …하는 사람
   el que da al pobre 가난한 사람에게 주는 사람
2. tendrá: tener의 직/미래/3/단수
   no tendrá pobreza 가난을 가지지 않을 것이다. 가난해지지 않을 것이다

30 DE ENERO 1월 30일

건축자가 버린 돌이
집 모퉁이의 머릿돌이 되었나니
이는 여호와께서 행하신 것이요
우리 눈에 기이한 바로다 (시 118:22-23)

La piedra que[1] desecharon[2] los edificadores
Ha venido a ser cabeza del ángulo.
De parte de Jehová es esto,
Y es cosa maravillosa a nuestros ojos. (V.R.)

La piedra que los constructores despreciaron
se ha convertido en la piedra principal.
Esto lo ha hecho el Señor,
y estamos maravillados. (V.P.)

La piedra que dejaron los maestros
se convirtió en la piedra principal:
Esta es la obra de Dios,
es una maravilla a nuestros ojos. (S.L.)

해설

1. que: …하는. 관계대명사
2. desecharon: desechar(버리다)의 직/부정과거/3/복수
la piedra que desecharon los edificadores 건축가들이 버린 돌

31 DE ENERO 1월 31일

매를 아끼는 자는
그의 자식을 미워함이라
자식을 사랑하는 자는
근실히 징계하느니라 (잠13: 24)

El que detiene[1] el castigo,
a su hijo aborrece[2];
Mas el que lo ama,
desde temprano lo corrige[3]. (V.R.)

Quien no corrige a su hijo,
no lo quiere;
el que lo ama,
lo corrige. (V.P.)

El que ahorra el castigo a su hijo
no lo quiere;
el que lo ama
se dedica a enderezarlo. (S.L.)

해설

1. detiene: detener(그만두다)의 직/현/3/단수
2. aborrece: aborrecer(증오하다)의 직/현/3/단수
3. corrige: corregir(바로잡다)의 직/현/3/단수.

01 DE FEBRERO 2월 1일

너희가 다 믿음으로 말미암아
그리스도 예수 안에서 하나님의 아들이 되었으니
누구든지 그리스도와 합하기 위하여 세례를 받은 자는
그리스도로 옷을 입었느니라 (갈 3:26-27)

Pues todos sois hijos de Dios
por la fe en Cristo Jesús;
porque todos los que habéis sido bautizados[1]
en Cristo,
de Cristo estáis revestidos[2]. (V.R.)

Pues por la fe en Cristo Jesús
todos ustedes son hijos de Dios,
y por el bautismo han venido a estar unidos
con Cristo
y se encuentran revestidos de él. (V.P.)

Por la fe en Cristo Jesús,
Todos ustedes son hijos de Dios.
Todos ustedes, al ser bautizados en Cristo,
se revistieron de Cristo. (S.L.)

1. todos los que habéis sido bautizados: 세례를 받은 모든 사람들
2. estáis revestidos: 너희들은 옷을 입고 있다

손을 게으르게 놀리는 자는
가난하게 되고
손이 부지런한 자는
부하게 되느니라 (잠 10:4)

La mano negligente
empobrece[1];
Mas la mano de los diligentes[2]
enriquece[3]. (V.R.)

Poco trabajo,
pobreza;
mucho trabajo,
riqueza. (V.P.)

Las manos flojas
empobrecen;
las manos trabajadoras
enriquecen. (S.L.)

해설

1. empobrece: empobrecer(가난하게 하다)의 직/현/3/단수
2. la mano de los diligentes: 부지런한 사람들의 손
3. enriquece: enriquecer(부유하게 하다)의 직/현/3/단수

03 DE FEBRERO 2월 3일

너희가 거듭 난 것은 썩어질 씨로 된 것이 아니요
썩지 아니할 씨로 된 것이니
살아 있고 항상 있는
하나님의 말씀으로 되었느니라 (벧전 1:23)

Siendo renacidos[1], no de simiente corruptible,
sino de incorruptible,
por la palaba de Dios
que vive y permanece[2] para siempre. (V.R.)

Pues ustedes han vuelto a nacer,
y esta vez no de padres humanos y mortales,
sino de la palabra de Dios,
la cual vive y permanece para siempre. (V.P.)

Ya que nacieron a otra vida
que no viene de hombres mortales;
ustedes ahora viven por la Palabra eterna del Dios
que vive y que permanece. (S.L.)

해설

1. siendo renacidos: 소생되다
2. permanece: permanecer(머물다)의 직/현/3/단수

너희 중에 누구든지 지혜가 부족하거든
모든 사람에게 후히 주시고
꾸짖지 아니하시는
하나님께 구하라 (약 1:5)

Si alguno de vosotros tiene falta de sabiduría,
pídale a Dios[1],
el cual da a todos abundantemente
y sin reproche, y le será dada. (V.R.)

Si a alguno de ustedes le falta sabiduría,
pídasela a Dios,
y él se la dará
pues Dios da a todos sin limitación
y sin hacer reproche alguno. (V.P.)

Si alguno de ustedes le falta la sabiduría,
que la pida a Dios,
que da a todos fácilmente y sin poder condiciones,
y él se la dará. (S.L.)

해설

1. pídale a Dios: 하나님에게 구하라
   le = a Dios

05 DE FEBRERO 2월 5일

오직 성령의 열매는
사랑과 희락과 화평과 오래 참음과
자비와 양선과 충성과 온유와 절제니
이같은 것을 금지할 법이 없느니라 (갈 5:22-23)

Mas el fruto del Espíritu es
amor, gozo, paz, paciencia,
benignidad, bondad, fe, mansedumbre, templanza;
contra tales cosas no hay ley. (V.R.)

En cambio, lo que el Espíritu es
amor, alegría, paz, paciencia,
amabilidad, bondad, fidelidad, humildad y dominio propio.
No hay ninguna ley que condene[1] cosas como éstos. (V.P.)

En cambio, el fruto del Espíritu es;
caridad, alegría, paz; paciencia,
comprensión de los demás, bondad y felicidad
mansedumbre y dominio de sí mismo.
Ahí no hay condenación ni Ley. (S.L.)

해설

1. condene: condenar(처벌하다)의 접/현/3/단수

네 부모를 공경하라
그리하면
네 하나님 여호와가 네게 준 땅에서
네 생명이 길리라 (출 20:12)

Honra[1] a tu padre y a tu madre,
para que tus días se alarguen[2]
en la tierra
que Jehová tu Dios te da. (V.R.)

Honra a tu padre y a tu madre,
para que vivas una larga vida
en la tierra
que te da el Señor tu Dios. (V.P.)

Respeta a tu padre y a tu madre
para que se prolongue tu vida
sobre la tierra
que Yavé, tu Dios, te da. (S.L.)

해설

1. honra: honrar(존경하다)의 tú의 긍정 명령
2. se alarguen: alargarse(길어지다)의 접/현/3/복수
   para que tus días se alarguen 네 날들이 길도록
   para que 다음에서는 반드시 접속법 동사를 써야 하기 때문에 접속법 동사 se alarguen이 쓰였음.

07 DE FEBRERO 2월 7일

주 여호와는 나의 힘이시라
나의 발을 사슴과 같게 하사
나를 나의 높은 곳으로
다니게 하시리로다 (합 3:19)

Jehová el Señor es mi fortaleza,
El cual hace mis pies como de ciervas,
Y en mis alturas
me hace andar[1]. (V.R.)

Porque el Señor me da fuerzas;
da a mis piernas la ligereza del ciervo
y me lleva a alturas
donde estaré a salvo. (V.P.)

Pues me apoyo en Yavé, que es mi Señor,
que da a mis pies la agilidad de un ciervo
y me hace caminar
por las alturas. (S.L.)

해설

1. me hace andar: 나를 걷게 하다
hacer + "동사원형" …하게 하다

풀은 마르고 꽃은 시드나
우리 하나님의 말씀은
영원히 서리라 하라 (사 40:8)

Sécase[1] la hierba, marchítase[2] la flor;
mas la palabra del Dios nuestro
permanece para siempre. (V.R.)

La hierba se seca y la flor se marchita,
pero la palabra de nuestro Dios
permanece firme para siempre. (V.P.)

La hierba se seca y la flor se marchita
mas la palabra de nuestro Dios
permanece para siempre. (S.L.)

해설

1. sécase: se seca(마르다)
2. marchítase: se marchita(시들다)

09 DE FEBRERO 2월 9일

진실로 너희에게 이르노니
너희가 돌이켜 어린아이와 같이 되지 아니하면
결단코 천국에 들어가지 못하리라 (마 18:3)

De cierto os digo,
que si no os volvéis[1] y os hacéis[2] como niños,
no entraréis[3] en el reino de los cielos. (V.R.)

Les aseguro
que si ustedes no cambian y se vuelven como niños,
no entrarán en el reino de Dios. (V.P.)

Les aseguro
que si no cambian y vuelven a ser como niños,
no podrán entrar al Reino de los Cielos. (S.L.)

1. os volvéis: volverse(돌아가다)의 직/현/2/복수
2. os hacéis: hacerse(되다)의 직/현/2/복수
3. entraréis: entrar(들어가다)의 직/미/2/복수

그러므로
누구든지 이 어린아이와 같이
자기를 낮추는 사람이
천국에서 큰 자니라 (마 18:4)

Así que,
cualquiera que se humille[1]
como este niño,
ése es
el mayor en el reino de los cielos. (V.R.)

El más importante
en el reino de Dios
es el que se humilla
y se vuelve como este niño. (V.P.)

El que se hace pequeño
como este niño,
ése es
el más grande en el Reino de los Cielos. (S.L.)

해설

1. se humille: humillarse(자신을 낮추다)의 접/현/3/단수
cualquiera que se humille 자신을 낮추는 자는 누구든지
cualquiera que 다음은 무조건 접속법 동사를 사용해야 함.

11 DE FEBRERO 2월 11일

만일 네 손이나 네 발이 너를 범죄하게 하거든 찍어 내버리라
장애인이나 다리 저는 자로 영생에 들어가는 것이
두 손과 두 발을 가지고
영원한 불에 던져지는 것보다 나으니라 (마 18:8)

Por tanto, si tu mano o tu pie te es ocasión de caer,
córtalo[1] y échalo[2] de ti; mejor te es entrar en la vida
cojo o manco, que teniendo dos manos o dos pies
ser echado[3] en el fuego eterno. (V.R.)

Por eso, si tu mano o tu pie te hacen caer en pecado,
córtatelos[4] y échalo lejos de ti;
es mejor que entres en la vida manco o cojo,
y no que con tus dos manos y tus dos pies
seas arrojado al fuego eterno. (V.P.)

Si tu mano o tu pie te arrastra al pecado,
córtatelo y tíralo lejos; pues es mejor para ti
entrar a la Vida manco o cojo, que ser echado al fuego eterno
con tus dos manos y tus dos pies. (S.L.)

해설

1. córtalo: 그것을 잘라라
2. échalo: 그것을 버려라
3. ser echado: 던져지다
4. córtatelos: 그것들을 잘라 버려라

만일 네 눈이 너를 범죄하게 하거든
빼어 내버리라
한 눈으로 영생에 들어가는 것이
두 눈을 가지고 지옥 불에 던져지는 것보다 나으니라 (마 18:9)

Y si tu ojo te es ocasión de caer,
sácalo[1] y échalo de ti;
mejor te es entrar con un solo ojo en la vida,
que teniendo dos ojos ser echado en el infierno de fuego. (V.R.)

Y si tu ojo te hace caer en pecado,
sácatelo[2] y échalo lejos de ti;
es mejor que entres en la vida con un solo ojo,
y no que con tus dos ojos
seas arrojado al fuego del infierno. (V.P.)

Y si tu ojo te arrastra al pecado,
arráncalo y tíralo;
es mejor para ti entrar tuerto a la Vida
que ser arrojado con tus dos ojos al fuego del Infierno. (S.L.)

해설

1. sácalo: 그것을 빼어라
2. sácatelo: 그것을 빼어 버려라

13 DE FEBRERO 2월 13일

삼가 이 작은 자 중의 하나도 업신여기지 말라
너희에게 말하노니
그들의 천사들이 하늘에서 하늘에 계신
내 아버지의 얼굴을 항상 뵈옵느니라 (마 18:10)

Mirad[1] que no menospreciéis[2] a uno de estos pequeños;
porque os digo que sus ángeles en los cielos
ven siempre el rostro de mi Padre
que está en los cielos. (V.R.)

No desprecien[3] a ninguno de estos pequeños.
Pues les digo que en el cielo los ángeles de ellos
están siempre en la presencia de mi Padre celestial. (V.P.)

Tengan cuidado de despreciar a alguno de estos pequeños,
pues les digo
que sus ángeles en el Cielo,
contemplan sin cesar la cara de mi Padre
que está en los cielos. (S.L.)

해설

1. mirad: mirar(보다)의 vosotros의 긍정 명령
2. menospreciéis: menospreciar(업신여기다)의 접/현/2/복수
3. No desprecien: 무시하지 마시오

14 DE FEBRERO 2월 14일

내가 그들에게 영생을 주노니
영원히 멸망하지 아니할 것이요
또 그들을 내 손에서 빼앗을 자가 없느니라 (요 10:28)

Y yo les doy vida eterna;
y no perecerán[1] jamás,
ni nadie las arrebatará[2] de mi mano. (V.R.)

Yo les doy vida eterna,
y jamás perecerán
ni nadie me las quitará. (V.P.)

Y yo les doy vida eterna,
nunca perecerán
y nadie las sacará de mi mano. (S.L.)

해설

1. perecerán: perecer(죽다, 파멸하다)의 직/미래/3/복수
2. arrebatará: arrebatar(빼앗다)의 직/미래/3/단수

15 DE FEBRERO 2월 15일

그들을 주신 내 아버지는
만물보다 크시매
아무도 아버지 손에서
빼앗을 수 없느니라 (요 10:29)

Mi padre que me las dio[1],
es mayor que todos,
y nadie las puede[2] arrebatar
de la mano de mi Padre. (V.R.)

Lo que el Padre ma ha dado
es más grande que todo,
y nadie
se lo puede quitar. (V.P.)

Nadie podría sacarlas
de la mano de mi Padre,
y él me ha dado poder
sobre todos. (S.L.)

해설

1. dio: dar(주다)의 직/부정과거/3/단수
2. puede: poder(할 수 있다)의 직/현/3/단수

16 DE FEBRERO 2월 16일

많은 재물보다
명예를 택할 것이요
은이나 금보다
은총을 더욱 택할 것이니라 (잠 22:1)

De más estima es el buen nombre
que las muchas riquezas,
Y la buena fama más
que la plata y el oro. (V.R.)

Vale[1] más
tener buena fama y reputación,
que abundancia
de oro y plata. (V.P.)

El buen nombre vale más
que grandes riquezas,
y ser estimado,
más que el oro y la plata. (S.L.)

해설

1. vale: valer(가치가 있다)의 직/현/3/단수

17 DE FEBRERO 2월 17일

오직 믿음으로 구하고 조금도 의심하지 말라
의심하는 자는 마치 바람에 밀려 요동하는 바다 물결 같으니
이런 사람은 무엇이든지 주께 얻기를 생각하지 말라 (약 1:6-7)

Pero pida[1] con fe, no dudando nada;
porque el que duda[2] es semejante a la onda del mar,
que es arrastrada por el viento y echada de una parte a otra.
No piense[3], pues, quien tal haga[4],
que recibirá cosa alguna del Señor. (V.R.)

Pero tiene que pedir con fe, sin dudar nada;
porque el que duda es como una ola del mar,
que el viento lleva de un lado a otro.
Quien es así, no crea que va a recibir nada del Señor. (V.P.)

Pero que pidan con fe, sin vacilar,
pues el hombre que vacila se parece a las olas del mar
que levantan y agitan según el viento.
Un hombre así, que no espere nada del Señor. (S.L.)

해설

1. pida: pedir(구하다)의 usted의 명령
2. el que duda: 의심하는 자
3. no piense: 생각하지 마라
4. quien tal haga: 그렇게 하는 자

노하기를 더디하는 자는
크게 명철하여도
마음이 조급한 자는
어리석음을 나타내느니라 (잠 14:29)

El que tarda en[1] airarse
es grande de entendimiento;
Mas el que es impaciente de espíritu
enaltece[2] la necedad. (V.R.)

Ser paciente
es muestra de mucha inteligencia;
ser impaciente
es muestra de gran estupidez. (V.P.)

El hombre lento para enojarse
está lleno de inteligencia,
y el impaciente
demuestra locura. (S.L.)

1. el que tarda en: …하는데 시간이 걸리는 자
   tardar en + '동사원형' …하는데 시간이 걸리다
2. enaltece: enaltecer의 직/현/3/단수

19 DE FEBRERO 2월 19일

나는 너희에게 이르노니
악한 자를 대적하지 말라
누구든지 네 오른편 뺨을 치거든
왼편도 돌려대며 (마 5:39)

Pero yo os digo;
No resistáis[1] al que es malo;
antes, a cualquiera que te hiera[2] en la mejilla derecha,
vuélvele[3] también la otra. (V.R.)

Pero yo les digo;
No resistas al que te haga algún mal;
al contrario, si alguien te pega en una mejilla,
ofrécele también la otra. (V.P.)

No resistan a los malvados.
Preséntale la mejilla izquierda
al que te abofetea la derecha. (S.L.)

해설

1. no resistáis: 대적하지 마라
2. hiera: herir의 접/현/3/단수
   cualquiera que 다음에는 반드시 접속법 동사
3. vuélvale: 그에게 돌려대라. volver 동사의 접속법 vuelva+le

진실로 악을 행하는 자들은 끊어질 것이나
여호와를 소망하는 자들은
땅을 차지하리로다 (시 37:9)

Porque los malignos serán destruidos[1],
Pero los que esperan en Jehová[2],
ellos heredarán[3] la tierra. (V.R.)

Pues los malvados serán arrojados del país,
pero los que confían en el Señor
tomarán posesión de él. (V.P.)

Porque los sinvergüenzas desaparecerán,
y la tierra será
para los que esperan en Dios. (S.L.)

해설

1. serán destruidos: 파괴될 것이다
2. los que esperan en Jehova: 여호와를 바라는 자들
3. heredarán: heredar의 직/미/3/복수

21 DE FEBRERO 2월 21일

내가 주께 감사하옴은
나를 지으심이 심히 기묘하심이라
주께서 하시는 일이
기이함을 내 영혼이 잘 아나이다 (시 139:14)

Te alabaré[1];
porque formidables, maravillosas son tus obras;
Estoy maravillado[2],
Y mi alma lo sabe[3] muy bien. (V.R.)

Te alabo
porque estoy maravillado,
porque es maravilloso lo que has hecho.
¡De ello estoy bien convencido! (V.P.)

Te doy gracias
por tantas maravillas — que tú has ejecutado; —
en efecto, admirables son tus obras —
y mi alma bien lo sabe. (S.L.)

해설

1. alabaré: alabar의 직/미/1/단수
2. estoy maravillado: 나는 감심하고 있다.
3. sabe: saber(알다)의 직/현/3/단수

22 DE FEBRERO 2월 22일

의인의 입술은
기쁘게 할 것을 알거늘
악인의 입은
패역을 말하느니라 (잠 10:32)

Los labios del justo
saben hablar lo que agrada[1];
Mas la boca de los impíos
habla perversidades. (V.R.)

El justo
dice cosas agradables;
el malvado,
sólo cosas perversas. (V.P.)

Los labios del justo
hospedan la bondad;
y la boca de los malvados,
la perversidad. (S.L.)

해설

1. agrada: agradar(기쁘게 하다)의 직/현/3/단수

23 DE FEBRERO 2월 23일

내 사랑하는 형제들아
너희가 알지니 사람마다 듣기는 속히 하고
말하기는 더디 하며 성내기도 더디 하라 (약 1:19)

Por esto, mis amados hermanos,
todo hombre sea[1] pronto para oír,
tardo para hablar, tardo para airarse. (V.R.)

Recuerden[2] esto, queridos hermanos;
todos ustedes deben estar listos para escuchar;
en cambio deben ser lentos para hablar y para enojarse. (V.P.)

Hernamos muy queridos,
que todos sean prontos para escuchar,
lentos para hablar y enojarse. (S.L.)

해설

1. sea: ser의 접/현/3/단수.
2. recuerden: recordar(기억하다)의 ustedes의 명령형

자기의 마음을 제어하지 아니하는 자는
성읍이 무너지고 성벽이 없는 것과 같으니라 (잠 25;28)

Como ciudad derribada y sin muro
Es el hombre cuyo[1] espíritu no tiene rienda. (V.R.)

Como ciudad sin muralla y expuesta al peligro,
así es quien no sabe dominar sus impulsos. (V.P.)

Como ciudad abierta y sin murallas,
así es el hombre que no sabe contener su enojo. (S.L.)

해설

1. cuyo: 관계 대명사의 소유격.
   cuyo = su.

가난하여도 성실하게 행하는 자는
부유하면서도 굽게 행하는 자보다 나으니라 (잠 28:6)

Mejor es el pobre que camina[1] en su integridad,
Que el de perversos caminos y rico. (V.R.)

Más vale ser pobre y honrado
que rico y malintencionado. (V.P.)

Más vale el pobre que vive honradamente
que el hombre inescrupuloso, aunque sea rico. (S.L)

해설

1. camina: caminar(걷다)의 직/현/3/단수

26 DE FEBRERO 2월 26일

우리가 살아도 주를 위하여 살고
죽어도 주를 위하여 죽나니
그러므로 사나 죽으나
우리가 주의 것이로다 (롬 14:8)

Pues si vivimos, para el Señor vivimos;
y si morimos, para el Señor morimos.
Así pues, sea que vivamos[1],
o que muramos[2], del Señor somos. (V.R.)

Si vivimos, para el Señor vivimos;
y si morimos, para el Señor morimos.
De manera que, tanto en la vida como en la muerte,
del Señor somos. (V.P.)

Si vivimos, vivimos para el Señor,
y si morimos, morimos para el Señor.
Y tanto en la vida como en la muerte,
pertenecemos al Señor. (S.L.)

해설

1. vivamos: vivir(살다)의 접/현/1/복수
2. muramos: morir(죽다)의 접/현/1/복수

내가 그리스도를 본받는 자가 된 것 같이
너희는 나를 본받는 자가 되라 (고전 11:1)

Sed[1] imitadores de mí,
así como yo de Cristo. (V.R.)

Sigan[2] ustedes mi ejemplo,
como yo sigo el ejemplo de Cristo. (V.P.)

Sigan pues mi ejemplo,
como yo sigo el de Cristo. (S.L.)

해설

1. sed: 되어라 (ser의 vosotros의 긍정 명령)
2. sigan: 따르라 (ustedes의 긍정 명령)

28 DE FEBRERO 2월 28일

의를 위하여 박해를 받는 자는
복이 있나니
천국이 그들의 것임이라 (마 5: 10)

Bienaventurados
los que padecen[1] persecución por causa de la justicia,
porque de ellos es el reino de los cielos. (V.R.)

Dichosos
los que sufren persecución por hacer lo que Dios exige,
pues el reino de Dios les pertenece. (V.P.)

Felices
los que son perseguidos por causa del bien,
porque de ellos es el Reino de los Cielos. (S.L.)

해설

1. padecen: padecer(받다)의 직/현/3/복수
   padecer persecución 박해를 받다

여호와의 말씀은 정직하며
그가 행하시는 일은
다 진실하시도다 (시 33:4)

Porque recta es la palabra de Jehová,
y toda su obra
es hecha con fidelidad. (V.R.)

La palabra del Señor es verdadera;
sus obras
demuestran su fidelidad. (V.P.)

Pues recta es la palabra del Señor
y verdad toda obra de sus manos. (S.L.)

해설

1. hecha: hacer의 과거분사 여성형

네 손이 선을 베풀 힘이 있거든
마땅히 받을 자에게
베풀기를 아끼지 말며 (잠3:27)

No te niegues[1] a hacer el bien
a quien es debido,
cuando tuvieres[2] poder para hacerlo. (V.R.)

Nunca niegues un favor
a quien te lo pida,
cuando en tu mano esté el hacerlo. (V.P.)

No niegues un favor
al que te pide,
siendo que puedes hacerlo. (S.L.)

해설

1. No te niegues: 거절하지 마라
2. tuvieres: tener의 접/미/2/단수
   tuvieres = tengas

의인의 입은
생명의 샘이라도
악인의 입은
독을 머금었느니라 (잠 10:11)

Manantial de vida
es la boca del justo;
pero violencia
cubrirá[1] todas las faltas. (V.R.)

Las palabras del justo
son fuente de vida,
pero al malvado
lo ahoga la violencia. (V.P.)

La boca del justo
es fuente de vida,
pero la de los malvados
oculta la violencia. (S.L.)

해설

1. curbrirá: cubrir의 직/미/3/단수

03 DE MARZO 3월 3일

하나님이여 나를 지켜 주소서
내가 주께 피하나이다 (시 16:1)

Guárdame[1], oh Dios,
porque en ti he confiado[2]. (V.R.)

¡Cuida[3], oh Dios, de mí,
pues en ti busco[4] protección! (V.P.)

Guárdame, oh Dios,
en ti está mi refugio. (S.L.)

해설

1. guárdame: 나를 지켜 주소서
   guarda + me
2. he confiado: confiar(믿다)의 직/현재완료/1/단수
3. cuida: 지켜 주소서 (cuidar의 tú의 긍정 명령)
4. busco: buscar(찾다)의 직/현/1/단수

04 DE MARZO 3월 4일

가난한 자를 조롱하는 자는
그를 지으신 주를 멸시하는 자요
사람의 재앙을 기뻐하는 자는
형벌을 면하지 못할 자니라 (잠 17:5)

El que encarnece[1] al pobre
afrenta[2] a su Hacedor,
y el que se alegra[3] de la calamidad
no quedará[4] sin castigo. (V.R.)

El que se burla del pobre
ofende a su Creador,
el que se alegra de su desgracia
no quedará sin castigo. (V.P.)

El que hace burla del pobre
ofende a su Creador,
el que se ríe de un desdichado
no quedará impune. (S.L.)

해설

1. encarnece: encarnecer(조롱하다)의 직/현/3/단수
2. afrenta: afrentar(모욕하다)의 직/현/3/단수
3. se alegra: alegrarse(기쁘다)의 직/현/3/단수
4. quedará: quedar(남다)의 직/미/3/단수

불의를 행하는 자는
불의의 보응을 받으리니
주는 사람을 외모로 취하심이 없느니라 (골 3:25)

Mas el que hace injusticia,
recibirá la injusticia que hiciere[1],
porque no hay acepción de personas. (V.R.)

Pero el que hace lo malo,
recibirá el pago del mal que ha hecho,
porque Dios no hace diferencia entre una persona y otra. (V.P.)

El que no cumple
recibirá lo que merece su maldad,
pues Dios no hace excepciones a favor de nadie. (S.L.)

해설

1. hiciere: hacer(하다)의 접/미/3/단수

구하라 그리하면 너희에게 주실 것이요
찾으라 그리하면 찾아낼 것이요
문을 두드리라 그리하면 너희에게 열릴 것이니 (마 7:7)

Pedid[1], y se os dará;
buscad[2], y hallaréis;
llamad[3], y se os abrirá. (V.R.)

Pidan, y Dios les dará;
busquen, y encontrarán;
llamen a la puerta, y se les abrirá. (V.P.)

Pidan y se les dará;
busquen y hallarán;
llamen a la puerta y les abrirán. (S.L.)

1. pedid: 너희들 구해라
2. buscad: 너희들 찾아라
3. llamad: 너희들 두드려라

오직 내 말을 듣는 자는
평안히 살며
재앙의 두려움이 없이
안전하리라 (잠 1:33)

Mas el que me oyere[1],
habitará[2] confiadamente
y vivirá[3] tranquilo,
sin temor del mal. (V.R.)

Pero el que me preste atención,
vivirá en paz
y sin temor de ningún peligro. (V.P.)

Todo el contrario el que me escucha:
vivirá en paz
y se sentirá seguro,
sin temer la desgracia. (S.L.)

해설

1. oyere: oír(듣다)의 접/미/3/단수
2. habitará: habitar(살다)의 직/미/3/단수
3. vivirá: vivir(살다)의 직/미/3/단수

아내들아
남편에게 복종하라
이는 주 안에서 마땅하니라 (골3:18)

Casadas,
estad sujetas[1] a vuestros maridos,
como conviene[2] en el Señor. (V.R.)

Esposas,
sométanse a sus esposos,
pues éste es su deber como creyentes en el Señor. (V.P.)

Esposas,
sométanse a sus maridos,
como corresponde en el Señor. (S.L.)

1. estad sujetas: 너희들 복종하라
2. conviene: convenir(적당하다)의 직/현/3/단수

09 DE MARZO

남편들아
아내를 사랑하며
괴롭게 하지 말라 (골 3:19)

Maridos,
amad[1] a vuestras mujeres,
y no seáis[2] ásperos con ellas. (V.R.)

Esposos,
amen a sus esposas
y no las traten con aspereza. (V.P.)

Maridos,
amen a sus esposas
y no se disgusten con ellas. (S,L,)

해설

1. amad: 너희들 사랑하라
2. no seáis: 너희들 되지 마라

10 DE MARZO 3월 10일

자녀들아
모든 일에 부모에게 순종하라
이는 주 안에서 기쁘게 하는 것이니라 (골 3:20)

Hijos,
obedeced[1] a vuestros padres en todo,
porque esto agrada al Señor. (V.R.)

Hijos,
obedezcan[2] en todo a sus padres,
porque esto agrada al Señor. (V.P.)

Hijos,
obedezcan a sus padres en todo,
porque eso agrada al Señor. (S.L.)

해설

1. obedeced: 너희들 순종하라
2. obedezcan: 당신들 순종하라

11 DE MARZO 3월 11일

고향을 떠나 유리하는 사람은
보금자리를 떠나 떠도는
새와 같으니라 (잠 27:8)

Cual ave
que se va[1] de su nido,
tal es el hombre que se va[1] de su lugar. (V.R.)

Como ave
que vaga[2] lejos de su nido
es el que anda[3] lejos del lugar donde nació[4]. (V.P.)

Como pájaro
que vaga[2] lejos de su nido,
así es el hombre que anda lejos de su tierra natal. (S.L.)

해설

1. se va: irse(떠나다)의 직/현/3/단수
2. vaga: vagar(떠돌아다니다, 방랑하다)의 직/현/3/단수
3. anda: andar(걷다)의 직/현/3/단수
4. nació: nacer(태어나다)의 직/부정과거/3/단수
   lugar donde nació: 태어난 장소

12 DE MARZO 3월 12일

내가 주를 기뻐하고
즐거워하며
지존하신 주의 이름을 찬송하리니 (시 9:2)

Me alegraré[1]
y me regocijaré[2] en ti;
cantaré[3] a tu nombre, oh Altísimo. (V.R.)

Oh Altísimo,
por ti quiero gritar lleno de alegría;
¡quiero cantar himnos a tu nombre! (V.P.)

En ti me alegraré y regocijaré,
cantaré tu Nombre,
Altísimo. (S.L.)

해설

1. me alegraré: alegrarse(기쁘다)의 직/현/1/단수
2. me regocijaré: regocijarse(기뻐하다)의 직/미/1/단수
3. cantaré: cantar(찬송하다)의 직/미/1/단수

13 DE MARZO 3월 13일

너희는 옛적 일을 기억하라
나는 하나님이라
나 외에 다른 이가 없느니라
나는 하나님이라
나 같은 이가 없느니라 (사 46:9)

Acordaos[1] de las cosas pasadas desde los tiempos antiguos;
porque yo soy Dios,
y no hay otro Dios,
y nada hay semejante a mí. (V.R.)

Recuerden[2] lo que ha pasado desde tiempos antiguos.
Yo soy Dios, y no hay otro;
Soy Dios,
y no hay nadie igual a mí. (V.P.)

Recuerden las cosas que pasaron antiguamente.
¡Yo soy Dios y no hay otro igual,
soy Dios
y no existe otro semejante a mí! (S.L.)

해설

1. acordaos: 너희들 기억하라 (acordarse 기억하다)
2. recuerden: 당신들 기억하라 (recordar 기억하다)

14 DE MARZO 3월 14일

건축자들이 버린 돌이
모퉁이의 머릿돌이 되었나니
이것은 주로 말미암아 된 것이요
우리 눈에 기이하도다 (마 21:42)

La piedra que desecharon[1] los edificadores,
ha venido a ser cabeza del ángulo.
El Señor ha hecho esto,
y es cosa maravillosa a nuestros ojos? (V.R.)

La piedra que los constructores despreciaron[2]
se ha convertido en la piedra principal.
Esto lo hizo el Señor,
y estamos maravillados. (V.P.)

La piedra que los constructores desecharon
llegó a ser la piedra principal del edificio.
Esa es la obra del Señor
y nos dejó maravillados. (S.L.)

해설

1. desecharon: desechar의 직/부정과거/3/복수
2. despreciaron: despreciar의 직/부정과거/3/복수

15 DE MARZO 3월 15일

주의 빛과 주의 진리를 보내시어
나를 인도하시고
주의 거룩한 산과 주께서 계시는 곳에
이르게 하소서 (시 43:3)

Envía[1] tu luz y tu verdad;
éstas[2] me guiarán[3];
Me conducirán[4] a tu santo monte,
Y a tus moradas. (V.R.)

Envía tu luz y tu verdad,
para que ellas me enseñen el camino
que lleva a tu santo monte,
al lugar donde tú vives. (V.P.)

Envíame tu luz y tu verdad,
que ellas sean mi guía
y a tu santa montaña me conduzcan,
al lugar donde habitas. (S.L.)

해설

1. envía: enviar(보내다)의 tú의 긍정 명령
2. éstas: 후자(tu luz y tu verdad)
3. guiarán: guiar의 직/미/3/복수
4. conducirán: conducir의 직/미/3/복수

16 DE MARZO 3월 16일

믿음의 기도는 병든 자를 구원하리니
주께서 그를 일으키시리라
혹시 죄를 범하였을지라도 사하심을 받으리라 (약 5:15)

Y la oración de fe salvará[1] al enfermo,
y el Señor lo levantará[2];
y si hubiere cometido[3] pecados, le serán[4] perdonados. (V.R.)

Y cuando oren con fe, el enfermo sanará,
y el Señor lo levantará;
y si ha cometido pecados, le serán perdonados. (V.P.)

La oración hecha con fe salvará al enfermo;
el Señor lo levantará y,
si ha cometido pecados, le serán perdonados. (S.L.)

해설

1. salvará: salvar(구원하다)의 직/미/3/단수
2. levantará: levantar(일으키다)의 직/미/3/단수
3. hubiere cometido: cometir(범하다)의 접/미래 완료/3/단수
4. serán: ser의 직/미/3/복수

악인은 정의를 깨닫지 못하나
여호와를 찾는 자는
모든 것을 깨닫느니라 (잠 28:5)

Los hombres malos no entienden[1] el juicio;
Mas los que buscan[2] a Jehová
entienden todas las cosas. (V.R.)

Los malvados no entienden nada de la justicia,
pero los que recurren al Señor
lo entienden todo. (V.P.)

Los malvados no comprenden la justicia,
pero los que buscan a Yavé
comprenden todo. (S.L.)

해설

1. entienden: entender(이해하다)의 직/현/3/복수
2. buscan: buscar(찾다)의 직/현/3/복수

18 DE MARZO 3월 18일

사랑은 이웃에게 악을 행하지 아니하나니
그러므로 사랑은 율법의 완성이니라 (롬 13:10)

El amor no hace mal[1] al prójimo;
así que[2] el cumplimiento de la ley
es el amor. (V.R.)

El que tiene amor no hace mal al prójimo;
así que en el amor
se cumple perfectamente la ley. (V,P.)

Con el amor, no se hace ningún mal al prójimo.
Por esto en el amor
cabe toda la Ley. (S.L.)

1. hacer mal: 악을 행하다
2. así que: 그러므로

19 DE MARZO 3월 19일

십자가의 도가 멸망하는 자들에게는
미련한 것이요
구원을 받는 우리에게는
하나님의 능력이라 (고전 1:18)

Porque la palabra de la cruz
es locura a los que se pierden[1];
pero a los que se salvan[2], esto es, a nosotros,
es poder de Dios. (V.R.)

El mensaje de la muerte de Cristo en la cruz
parece una tontería a los que van a la destrucción;
pero este mensaje es poder de Dios
para los que vamos a la salvación. (V. P.)

El lenguaje de la cruz
no deja de ser locura para los que se pierden.
En cambio, para los que somos salvados,
es poder de Dios. (S. L.)

해설

1. se pierden: perderse(잃다)의 직/현/3/복수
2. se salvan: salvarse(구원을 받다)의 직/현/3/복수

긍휼히 여기는 자는
복이 있나니
그들이 긍휼히 여김을
받을 것임이요 (마 5:7)

Bienaventurados
los misericordiosos,
porque ellos alcanzarán
misericordia. (V.R.)

Dichos
los que tienen compasión de otros,
pues Dios tendrá
compasión de ellos. (V.P.)

Felices
los compasivos,
porque obtendrán
misericordia. (S.L.)

해설

1. alcanzarán: alcanzar(닿다)의 직/미/3/복수

21 DE MARZO 3월 21일

주의 성도들아
여호와를 찬송하며
그의 거룩함을 기억하며
감사하라 (시 30:4)

Cantad[1] a Jehová,
vosotros sus santos,
y celebrad[2]
la memoria de su santidad. (V.R.)

Ustedes,
fieles del Señor,
¡cántenle himnos! (V.P.)

Que sus fieles
canten al Señor
y den gracias a su santo Nombre. (S.L.)

해설

1. cantad: cantar(찬송하다)의 vosotros의 긍정명령
3. celebrad: celebrar(축하하다)의 vosotros의 긍정명령

22 DE MARZO 3월 22일

내가 네 사업과
사랑과 믿음과 섬김과 인내를 아노니
네 나중 행위가 처음 것보다 많도다 (계 2:19)

Yo conozco[1] tus obras,
y amor, y fe, y servicio, y tu paciencia,
y que tus obras postreras son más que las primeras. (V.R.)

Yo sé todo lo que haces;
conozco tu amor, tu fe, tu servicio y tu constancia,
y sé que ahora estás haciendo más que al principio. (V.P.)

Conozco tu proceder:
tu amor, tu fe, tu servicio, tu perseverancia
y tus últimos trabajos más numerosos que los primeros. (S.L.)

1. conozco: conocer(알다)의 직/현/1/단수

23 DE MARZO 3월 23일

말이 많으면
허물을 면하기 어려우나
그 입술을 제어하는 자는
지혜가 있느니라 (잠 10:19)

En las muchas palabras
no falta[1] pecado;
mas el que refrena[2] sus labios
es prudente. (V.R.)

El que mucho habla,
mucho yerra;
callar a tiempo
es de sabios. (V.P.)

En el mucho hablar
no faltará el pecado:
el que refrena sus labios
es prudente. (S.L.)

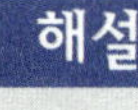

해설

1. falta: faltar(없다)의 직/현/3/단수
2. refrena: refrenar(제어하다)의 직/현/3/단수

여호와여
의의 소리를 들으소서
나의 울부짖음에 주의하소서
거짓되지 아니한 입술에서 나오는
나의 기도에 귀를 기울이소서 (시;17:1)

Oye, oh Jehová,
una causa justa;
está atento a mi clamor.
Escucha mi oración[1]
hecha de labios sin engaño. (V.R.)

Señor,
escucha mi causa justa, atiende a mi clamor,
presta oído a mi oración,
pues no sale de labios mentirosas. (V.P.)

Señor,
escucha mis gritos, atiende a mis clamores,
presta atención a mi plegaria,
pues no hay engaño en mis labios. (S.L.)

해설

1. Escucha mi oración: 내 기도를 들으소서

이기는 자는
이것들을 상속으로 받으리라
나는 그의 하나님이 되고
그는 내 아들이 되리라 (계 21:7)

El que venciere[1]
heredará[2] todas las cosas,
y seré[3] su Dios,
y él será[4] mi hijo. (V.R.)

El que salga vencedor
recibirá todo esto como herencia;
yo seré su Dios
y él será mi hijo. (V.P.)

Esa será la herencia
del que salga vencedor.
Y yo seré Dios para él
y él será para mí un hijo. (S.L.)

해설

1. venciere: vencer(승리하다)의 접/미/3/단수
2. heredará: heredar(상속하다)의 직/미/3/단수
3. seré: ser의 직/미/1/단수
4. será: ser의 직/미/3/단수

26 DE MARZO 3월 26일

또 무엇을 하든지
말에나 일에나
다 주 예수의 이름으로 하고
그를 힘입어 하나님 아버지께 감사하라 (골 3:17)

Y todo lo que hacéis,
sea[1] de palabra o de hecho,
hacedlo todo[2] en el nombre del Señor Jesús,
dando[3] gracias a Dios Padre por medio de él. (V.R.)

Y todo lo que hagan o digan,
háganlo en el nombre del Señor Jesús,
dando gracias a Dios el Padre por medio de él. (V.P.)

Y todo lo que puedan decir o hacer,
háganlo en el Nombre del Señor Jesús,
dando gracias a Dios Padre por medio de él. (S,L.)

해설

1. sea: ser의 접/현/3/단수
   sea de palabra o de hecho: 말로나 행동으로
2. hacedlo todo: 너희들 모든 것을 해라
3. dando: dar(주다)의 현재 분사
   dando gracias 감사하면서

예수께서 이르시되
할 수 있거든이 무슨 말이냐
믿는 자에게는
능히 하지 못할 일이 없느니라 하시니 (막 9:23)

Jesús le dijo[1]:
Si puedes creer,
al que cree[2]
todo le es posible. (V.R.)

Jesús le dijo:
¿Cómo que 'si puedes'?
¡Todo es posible
para el que cree! (V.P.)

Jesús le dijo:
¿Por qué dices: si puedes?
Todo es posible
para el que cree. (S.L.)

해설

1. dijo: decir(말하다)의 직/부정과거/3/단수
2. al que cree: 믿는 자에게

28 DE MARZO 3월 28일

너희가 오른쪽으로 치우치든지 왼쪽으로 치우치든지
네 뒤에서 말소리가 네 귀에 들려 이르기를
이것이 바른 길이니
너희는 이리로 가라 할 것이며 (사 30:21)

Entonces tus oídos oirán[1] a tus espaldas palabra que diga[2]:
Este es el camino, andad[3] por él;
y no echéis[4] a la mano derecha,
ni tampoco torzáis[5] a la mano izquierda. (V.R.)

Y si te desvías a la derecha o a la izquierda,
oirás una voz detrás de ti, que te dirá:
"Por aquí es el camino, vayan por aquí" (V.P.)

Tus oídos sentirán sus palabras resonar detrás de ti:
《Este es el camino que deben seguir》,
ya sea que vayan
por la derecha o por la izquierda. (S.L.)

해설

1. oirán: oir(듣다)의 직/미/3/복수
2. diga: decir(말하다)의 접/현/3/단수
3. andad: andar(걷다)의 vosotros의 긍정 명령
4. echéis: echar(치우치다)의 접/현/2/복수
5. torzáis: torcer(굽어지다)의 접/현/2/복수

통치자들과 권세들을 무력화하여
드러내어 구경거리로 삼으시고
십자가로 그들을 이기셨느니라 (골 2:15)

Y despojando[1] a los principados
y a las potestades, los exhibió[2] públicamente,
triunfando[3] sobre ellos en la cruz. (V.R.)

Por medio de Cristo,
Dios venció a los seres espirituales
que tienen poder y autoridad,
y los humilló públicamente llevándolos
como prisioneros en su desfile victorioso. (V.P.)

Les quitó su poder a las autoridades de arriba,
los humilló ante la faz del mundo
y los llevó como prisioneros
en el cortejo triunfal de su cruz. (S.L.)

해설

1. despojando: despojar(빼앗다)의 현재분사
2. exhibió: exhibir(나타내다)의 직/부정과거/3/단수
3. triunfando: triunfar(이기다)의 현재분사

30 DE MARZO 3월 30일

나의 계명을 지키는 자라야 나를 사랑하는 자니
나를 사랑하는 자는 내 아버지께 사랑을 받을 것이요
나도 그를 사랑하여 그에게 나를 나타내리라 (요 14:21)

El que tiene mis mandamientos,
y los guarda[1], ése es el que me ama[2];
y el que me ama, será amado por mi Padre[3],
y yo le amaré[4], y me manifestaré[5] a él. (V.R.)

El que recibe mis mandamientos
y los obedece, demuestra que de veras me ama.
Y mi Padre amará al que me ama,
y yo también lo amaré y me mostraré a él. (V.P.)

El que conoce mis mandamientos
y los guarda, ése es el que me ama.
Y mi Padre amará al que me ama a mí,
y yo también lo amaré y me mostraré a él. (S.L.)

해설

1. guarda: guardar(지키다)의 직/현/3/단수
2. el que me ama: 나를 사랑하는 자
3. será amado por mi Padre: 내 아버지로부터 사랑을 받을 것이다
4. amaré: amar(사랑하다)의 직/미/1/단수
5. manifestaré: manifestar(나타내다)의 직/미/1/단수

31 DE MARZO 3월 31일

친구는 사랑이 끊어지지 아니하고
형제는 위급한 때를 위하여 났느니라 (잠 17:17)

En todo tiempo ama[1] el amigo,
y es como un hermano
en tiempo de angustia. (V.R.)

Un amigo es siempre afectuoso,
y en tiempos de angustia es
como un hermano. (V.P.)

El amigo es el que quiere[2] en todo tiempo;
los hermanos nos fueron[3] dados
con miras al tiempo malo. (S.L.)

해설

1. ama: amar의 직/현/3/단수
2. quiere: querer의 직/현/3/단수
3. fueron: ser의 직/부정과거/3/복수

01 DE ABRIL 4월 1일

예수께서 하나님의 아들이심을
믿는 자가 아니면
세상을 이기는 자가 누구냐 (요일 5:5)

¿Quién es el que vence al mundo[1],
sino el que cree[2]
que Jesús es el Hijo de Dios? (V.R.)

El que cree
que Jesús es el Hijo de Dios,
vence al mundo. (V.P.)

¿Quién ha vencido al mundo,
sino el que cree
que Jesús es el Hijo de Dios? (S.L.)

1. el que vence al mundo: 세상을 이기는 자
2. el que cree: 믿는 자

기도를 계속하고
기도에 감사함으로
깨어 있으라 (골 4:2)

Perseverad[1] en la oración,
velando[2] en ella[3]
con acción de gracias. (V.R.)

Manténganse constantes en la oración,
siempre alerta y dando
gracias a Dios. (V.P.)

Sean constantes en la oración;
quédense velando
para dar gracias. (S.L.)

해설

1. perserverad: 참을성 있게 계속해라
2. velando: velar(철야하다)의 현재분사
3. ella: =la oración(기도)

03 DE ABRIL 4월 3일

자기의 마음을 믿는 자는
미련한 자이요
지혜롭게 행하는 자는
구원을 얻을 자니라 (잠 28:26)

El que confía[1] en su propio corazón
es necio;
mas el que camina[2] en sabiduría
será librado. (V.R.)

Sólo un necio confía
en sus propias ideas;
el que actúa con sabiduría
saldrá bien librado. (V.P.)

El que confía en su propio parecer
es un insensato;
el que camina con sabiduría
se salvará. (S.L.)

해설

1. el que confía: 믿는 자
2. el que camina: 걷는 자

진리의 말씀과
하나님의 능력으로
의의 무기를
좌우에 가지고 (고후 6:7)

en palabra de verdad,
en poder de Dios,
con armas de justicia
a diestra y a siniestra[1] (V.R.)

por nuestro mensaje de verdad
y por el poder de Dios en nosotros.
Usamos las armas de la rectitud,
tanto para el ataque como para la defensa. (V.P.)

En nosotros está la verdad
y la fuerza de Dios.
Luchamos con las armas de la justicia,
tanto para atacar como para defendernos. (S.L.)

해설

1. a diestra y a siniestra: 좌우에

05 DE ABRIL 4월 5일

미련한 자는
명철을 기뻐하지 아니하고
자기의 의사만 드러내기만
기뻐하느니라 (잠 18:2)

No toma placer el necio
en la inteligencia,
Sino[1] en que su corazón
se descubra[2]. (V.R.)

El necio
no tiene deseos de aprender,
sólo le importa presumir
de lo que sabe. (V.P.)

Al tonto no le gusta
reflexionar,
sino contar
lo que siente. (S.L.)

해설

1. no … sino …: …이 아니고 …이다
2. se descubra: descubirse(발견되다)의 접/현/3/단수

06 DE ABRIL 4월 6일

그가 찔림은
우리의 허물 때문이요
그가 상함은
우리의 죄악 때문이라 (사 53:5)

Mas el herido
fue[1] por nuestras rebeliones,
molido
por nuestros pecados. (V.R.)

Pero fue traspasado
a causa de nuestra rebeldía,
fue atormentado
a causa de nuestras maldades. (V.P.)

Fue tratado como culpable
a causa de nuestras rebeldías
y aplastado
por nuestros pecados. (S.L.)

해설

1. fue: ser의 직/부정과거/3/단수
ser 동사의 직설법 부정과거는 fui, fuiste, fue, fuimos, fuisteis, fueron

07 DE ABRIL 4월 7일

그가 징계를 받으므로
우리는 평화를 누리고
그가 채찍에 맞으므로
우리는 나음을 받았도다 (사 53:5)

El castigo de nuestra paz
fue sobre él,
y por su llaga
fuimos nosotros curados[1]. (V.R.)

El castigo que sufrió
nos trajo la paz,
por sus heridas
alcanzamos la salud. (V.P.)

El soportó el castigo
que nos trae la paz
y por sus llagas
hemos sido sanados. (S.L.)

해설

1. fuimos curados: 우리는 치료 받았다
   ser + 과거분사 = 수동태

8 DE ABRIL 4월 8일

너희 믿음의 확실함은 불로 연단하여도 없어질 금보다 더 귀하여
예수 그리스도께서 나타나실 때에
칭찬과 영광과 존귀를 얻게 할 것이니라 (벧전 1:7)

Para que sometida a prueba vuestra fe, mucho más preciosa que el oro,
el cual aunque perecedero se prueba[1] con fuego,
sea hallada en alabanza, gloria y honra
cuando sea manifestado Jesucristo. (V.R.)

Porque la fe de ustedes es como el oro:
su calidad debe ser probada por medio del fuego.
La fe que resiste la prueba vale mucho más que el oro,
el cual se puede destruir. De manera que la fe de ustedes,
al ser así probada, merecerá aprobación, gloria y honor
cuando Jesucristo aparezca. (V.P.)

Su fe saldrá de ahí probada, como el oro que pasa por el fuego.
En realidad, el oro ha de desaparecer;
en cambio, la fe, que vale mucho más, no se perderá
hasta el día en que se nos revele Cristo Jesús:
entonces será motivo de alabanza,
de gloria y de honor para Dios. (S.L.)

해설

1. se prueba: probarse(연단하다)의 직/현/3/단수

09 DE ABRIL 4월 9일

자기의 생명을 사랑하는 자는
잃어버릴 것이요
이 세상에서 자기의 생명을 미워하는 자는
영생하도록 보전하리라 (요 12:25)

El que ama su vida,
la perderá[1];
y el que aborrece[2] su vida en este mundo,
para vida eterna la guardará. (V.R.)

El que ama su vida,
la perderá;
pero el que desprecia su vida en este mundo,
la conservará para la vida eterna. (V.P.)

El que ama su vida la destruye,
y el que desprecia su vida en este mundo
la conserva para la vida eterna. (S,L.)

해설

1. perderá: perder(잃다)의 직/미/3/단수
2. el que aborrece: 미워하는 자

악담하는 자는
세상에서 굳게 서지 못하며
포악한 자는
재앙이 따라서 패망하게 하리이다 (시 140:11)

El hombre deslenguado
no será[1] firme en la tierra;
El mal
cazará[2] al hombre injusto para derribarle. (V.R.)

Que no permanezca en la tierra
el deslenguado;
que el mal persiga
al violento y lo destruya. (V.P.)

El hombre de mala lengua
no durará en la tierra,
y al violento lo herirá
de repente la desgracia. (S.L.)

해설

1. **será**: ser의 직/미/3/단수
2. **cazará**: cazar(사냥하다)의 직/미/3/단수

11 DE ABRIL 4월 11일

오직 너희를 부르신
거룩한 이처럼
너희도 모든 행실에
거룩한 자가 되라 (벧전1:15)

sino, como aquel que os llamó[1]
es santo,
sed[2] también vosotros santos
en toda vuestra manera de vivir. (V.R.)

Al contrario,
vivan de una manera completamente santa,
porque Dios,
que los llamó, es santo. (V.P.)

El que a ustedes los llamó
es Santo,
y también ustedes han de ser santos
en toda su conducta. (S.L.)

해설

1. llamó: llamar(부르다)의 직/부정과거/3/단수
2. sed: 되어라 (ser의 vosotros의 긍정 명령)

예수는 우리가 범죄한 것 때문에
내줌이 되고
또한 우리를 의롭다 하시기 위하여
살아나셨느니라 (롬 4:25)

El cual fue entregado[1]
por nuestras transgresiones,
y resucitado[2]
para nuestra justificación. (V.R.)

Que fue entregado a la muerte
por nuestros pecados
y resucitado
para librarnos de culpa. (V.P.)

El cual fue entregado
por nuestros pecados
y resucitado
para nuestra santificación. (S.L.)

해설

1. fue entregado: 인계되었다
2. (fue) resucitado: 소생되었다

13 DE ABRIL 4월 13일

아버지께서 나를 사랑하신 것 같이
나도 너희를 사랑하였으니
나의 사랑 안에 거하라 (요 15:9)

Como el Padre me ha amado[1],
así también yo os he amado[2];
permaneced[3] en mi amor. (V.R.)

Yo los amo a ustedes
como el Padre me ama a mí;
permanezcan, pues,
en el amor que les tengo. (V.P.)

Yo los he amado a ustedes
como el Padre me ama a mí:
permanezcan en mi amor. (S,L.)

1. ha amado: amar(사랑하다)의 직/현재완료/3/단수
2. he amado: amar의 직/현재완료/1/단수
3. permaneced: 너희들 머물러라

어찌하여 형제의 눈 속에 있는
티는 보고
네 눈 속에 있는
들보는 깨닫지 못하느냐 (눅 6:41)

¿Por qué miras[1]
la paja que está en el ojo de tu hermano,
y no echas de ver[2]
la viga que está en tu propio ojo? (V.R.)

¿Por qué te pones a mirar
la paja que tiene tu hermano en el ojo,
y no te fijas en el tronco
que tienes en el tuyo? (V.P.)

¿Y por qué te fijas en la pelusa
que tiene tu hermano en un ojo
si no eres consciente de
la viga que tienes en el tuyo? (S.L.)

해설

1. miras: mirar(바라보다)의 직/현/2/단수
2. echar de ver: 눈치를 채다, 보다

15 DE ABRIL 4월 15일

주께서 생명의 길을 내게 보이시리니
주의 앞에는 충만한 기쁨이 있고
주의 오른쪽에는 영원한 즐거움이 있나이다 (시 16:11)

Me mostrarás[1] la senda de la vida[2];
En tu presencia hay plenitud de gozo;
Delicias a tu diestra para siempre. (V.R.)

Me mostrarás el camino de la vida.
Hay gran alegría en tu presencia;
hay dicha eterna junto a ti. (V.P.)

Me mostrarás la senda de la vida,
el gozo grande que es mirar tu rostro,
delicias para siempre a tu derecha. (S.L.)

해설

1. mostrarás: mostrar(보이다)의 직/미/2/단수
2. senda de la vida: 생명의 길

내 의의 하나님이여 내가 부를 때에 응답하소서
곤란 중에 나를 너그럽게 하였사오니
내게 은혜를 베푸사 나의 기도를 들으소서 (시 4:1)

Respóndeme[1] cuando clamo[2], oh Dios de mi justicia.
Cuando estaba en angustia, tú me hiciste[3] ensanchar;
Ten[4] misericordia de mí, y oye[5] mi oración. (V.R.)

Dios y defensor mío,
¡contéstame cuando te llame!
Tú, que en mi angustia me diste alivio,
¡ten compasión de mí y escucha mi oración! (V.P.)

Cuando te llamo a ti, tú me respondes,
oh mi Dios salvador!
Tú, que me has sostenido en mis angustias,
de mí ten compasión y escucha mi oración. (S.L)

해설

1. respóndeme: 내 말에 응답하소서
2. clamo: clamar(부르다, 애원하다)의 직/현/1/단수
3. hiciste: hacer(하다)의 직/부정과거/2/단수
   hacer + 동사원형 = …하게 하다 (사역)
4. ten: tener의 tú의 긍정명령
5. oye: oír(듣다)의 tú의 긍정명령

17 DE ABRIL 4월 17일

가난하여도 성실하게 행하는 자는
입술이 패역하여도
미련한 자보다 나으니라 (잠 19:1)

Mejor es
el pobre que camina[1] en integridad,
Que el de perversos labios y fatuo. (V.R.)

Más vale
ser pobre y honrado,
que necio y calumnador. (V.P.)

Más vale
el pobre que vive honradamente,
que el hombre insensato de labios mentirosos. (S.L.)

해설

1. camina: caminar(걷다, 행하다)의 직/현/3/단수

지혜는 진주보다 귀하니
네가 사모하는 모든 것으로도
이에 비교할 수 없도다 (잠 3:15)

Más preciosa es que[1] las piedras preciosas;
Y todo lo que puedes desear[2],
no se puede comparar a ella. (V.R.)

La sabiduría vale más que las piedras preciosas;
¡ni aun las cosas más deseables
se le pueden comparar! (V.P.)

No existe perla más preciosa
y nada de lo que codicias
se le puede comparar. (S.L.)

해설

1. más … que …: …보다 더 …
2. todo lo que puedes desear: 네가 원하는 모든 것

너희는 세상의 소금이니
소금이 만일 그 맛을 잃으면 무엇으로 짜게 하리요
후에는 아무 쓸 데 없어
다만 밖에 버려져 사람에게 밟힐 뿐이니라 (마 5:13)

Vosotros sois la sal de la tierra;
pero si la sal se desvaneciere[1], ¿con qué será salada?
No sirve más para nada[2], sino para ser echada[3] fuera
y hollada por los hombres. (V.R.)

Ustedes son la sal de este mundo.
Pero si la sal deja de estar salada, ¿cómo podrá recobrar su sabor?
Ya no sirve para nada, así que se la tira a la calle
y la gente la pisotea. (V.P.)

Ustedes son la sal de la tierra.
Y si la sal se vuelve desabrida,
¿con qué se le puede devolver el sabor?
Ya no sirve para nada sino para echarla a la basura
o para que la pise la gente. (S.L.)

1. se desvaneciere: desvanecerse(없어지다)의 접/미/3/단수
2. No sirve más para nada: 더 이상 아무 짝에도 쓸모가 없다
3. ser echada: 버려지다

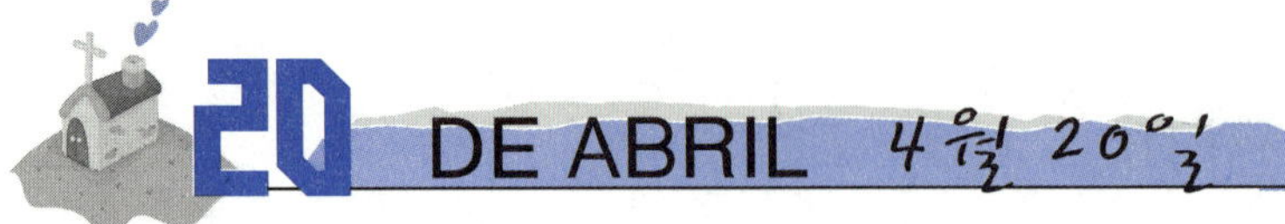

태초에 말씀이 계시니라
이 말씀이 하나님과 함께 계셨으니
이 말씀은 곧 하나님이시니라 (요 1:1)

En el principio[1] era[2] el Verbo,
y el Verbo era con Dios,
y el Verbo era Dios. (V.R.)

En el principio ya existía la Palabra;
y aquel que es la Palabra estaba con Dios
y era Dios. (V.P.)

Al principio era el Verbo,
y frente a Dios era el Verbo,
y el Verbo era Dios. (S.L.)

해설

1. en el principio: 태초에
2. era: ser의 직/불완료 과거/3/단수

철이 철을 날카롭게 하는 것 같이
사람이 그의 친구의 얼굴을
빛나게 하느니라 (잠 27:17)

Hierro con hierro se aguza[1];
Y así el hombre aguza
el rostro de su amigo. (V.R.)

El hierro se afila con hierro,
y el hombre con otro hombre. (V.P.)

El fierro se aguza con fierro,
el hombre aguza su ingenio
en contacto con su prójimo. (S.L.)

해설

1. se aguza: aguzarse(날카롭게 되다)의 직/현/3/단수

할렐루야
그의 성소에서 하나님을 찬양하며
그의 권능의 궁창에서
그를 찬양할지어다 (시편 150:1)

Alabad[1] a Dios en su santuario;
Alabadle[2] en la magnificencia de
su firmamento. (V.R.)

¡Alabado sea el Señor!
¡Alaben a Dios en su santuario!
¡Alábenlo en su majestuosa bóveda celeste! (V.P.)

¡Aleluya!
Alaben a Dios en su santuario,
alábenlo en el firmamento de su gloria. (S.L.)

해설

1. alabad: 너희들 찬양하라. alabar의 vosotros의 긍정명령
2. alabadle: =alabad+le. le=a Dios

그의 능하신 행동을 찬양하며
그의 지극히 위대하심을 따라
찬양할지어다 (시편 150:2)

Alabadle[1] por sus proezas;
Alabadle conforme a la muchedumbre
de su grandeza. (V.R.)

¡Alábenlo por sus hechos poderosos!
¡Alábenlo por su grandeza infinita! (V.P.)

Alábenlo por sus hazañas,
alábenlo por toda su grandeza. (S.L.)

해설

1. alabadle: : 신을 찬양하라

24 DE ABRIL 4월 24일

나팔 소리로 찬양하며
비파와 수금으로 찬양할지어다
소고 치며 춤추어 찬양하며
현악과 퉁소로 찬양할지어다 (시편 150:3-4)

Alabadle a son de bocina[1];
Alabadle con salterio y arpa.
Alabadle con pandero y danza;
Alabadle con cuerdas y flautas. (V.R.)

¡Alábenlo con toques de trompeta!
¡Alábenlo con arpa y salterio!
¡Alábenlo danzando al son de panderos!
¡Alábenlo con flautas e instrumentos de cuerda! (V.P.)

Alábenlo con el toque de los cornos,
alábenlo con arpas y con cítaras,
alábenlo con danzas y tambores,
alábenlo con mandolinas y flautas. (S.L.)

해설

1. a son de bocina: 나팔 소리로

25 DE ABRIL 4월 25일

큰 소리 나는 제금으로 찬양하며
높은 소리 나는 제금으로 찬양할지어다
호흡이 있는 자마다
여호와를 찬양할지어다 헬렐루야 (시편 150: 5-6)

Alabadle con címbalos resonantes;
Alabadle con címbalos de júbilo.
Todo lo que respira[1] alabe[2] a JAH.
Aleluya. (V.R.)

¡Alábenlo con platillos sonoros!
¡Alábenlo con platillos vibrantes!
¡Que todo lo que respira alabe
al Señor! (V.P.)

Alábenlo con platillos sonoros,
alábenlo con platillos triunfales,
alabe al Señor todo el que vive.
¡Aleluya! (S.L.)

해설

1. respira: respirar(숨을 쉬다)의 직/현/3/단수
2. alabe: alabar(찬양하다)의 접/현/3/단수

26 DE ABRIL 4월 26일

가산이 적어도
여호와를 경외하는 것이
크게 부하고 번뇌하는 것보다
나으니라 (잠 15:16)

Mejor es
lo poco con el temor de Jehová,
Que el gran tesoro donde hay turbación[1]. (V.R.)

Más vale
ser pobre y honrar al Señor,
que ser rico y vivir angustiado. (V.P.)

Más vale
poco con el temor de Yavé
que un tesoro con inquietud. (S.L.)

해설

1. el gran tesoro donde hay turbación: 혼란이 있는 큰 보물

27 DE ABRIL 4월 27일

채소를 먹으며
서로 사랑하는 것이
소를 먹으며
서로 미워하는 것보다 나으니라 (잠 15:17)

Mejor es la comida de legumbres
donde hay amor[1],
Que de buey engordado
donde hay odio[2]. (V.R.)

Más vale comer verduras
con amor,
que carne de res
con odio. (V.P.)

Más vale legumbres
con cariño
que un buey gordo
con odio. (S.L.)

해설

1. donde hay amor: 사랑이 있는 곳
2. donde hay odio: 미움이 있는 곳

28 DE ABRIL 4월 28일

분을 쉽게 내는 자는
다툼을 일으켜도
노하기를 더디 하는 자는
시비를 그치게 하느니라 (잠 15:18)

El hombre iracundo
promueve[1] contiendas;
Mas el que tarda
en airarse apacigua la rencilla. (V.R.)

El que es impulsivo
provoca peleas;
el que es paciente
las apacigua. (V.P.)

El hombre arrebatado
arma peleas,
el hombre tardo
para enojarse calma las disputas. (S.L.)

해설

1. promueve: promover(촉진하다)의 직/현/3/단수

29 DE ABRIL 4월 29일

게으른 자의 길은
가시 울타리 같으나
정직한 자의 길은
대로니라 (잠 15:19)

El camino del perezoso[1]
es como seto de espinos;
Mas la vereda de los rectos[2],
como una calzada. (V.R.)

Para el perezoso,
el camino está lleno de espinas;
para el hombre recto,
el camino es amplia calzada. (V.P.)

El camino del flojo
está sembrado de espinas,
el sendero de los diligentes
es un camino amplio. (S.L.)

해설

1. el camino del perezoso: 게으른 자의 길
2. la vereda de los rectos: 정직한 자의 길

무엇보다도
뜨겁게 서로 사랑할지니
사랑은 허다한 죄를 덮느니라 (벧전 4:8)

Y ante todo,
tened[1] entre vosotros ferviente amor;
porque el amor cubrirá[2]
multitud de pecados. (V.R.)

Haya sobre todo
mucho amor entre ustedes,
porque el amor perdona muchos pecados. (V.P.)

Ante todo,
haya entre ustedes un amor sin fallas,
pues el amor cubre una multitud de pecados. (S.L.)

해설

1. tened: tener의 vosotros의 긍정명령
2. cubrirá: cubrir(덮다)의 직/미/3/단수

01 DE MAYO 5월 1일

게으른 자는 그 부리는 사람에게
마치 이에 식초 같고
눈에 연기 같으니라 (잠 10:26)

Como el vinagre a los dientes,
y como el humo a los ojos,
Así es el perezoso a los que lo envían[1]. (V.R.)

El perezoso es, para el que lo envía,
como el vinagre a los dientes
o el humo a los ojos. (R.P.)

Vinagre para los dientes,
humo para los ojos;
así es el flojo para el que lo manda. (S.L.)

해설

1. envían: enviar(보내다)의 직/현/3/복수
enviar 동사의 직설법 현재는 불규칙으로 envío, envías, envía, enviamos, enviáis, envían

살인하지 말라
간음하지 말라
도둑질하지 말라
네 이웃에 대하여 거짓 증거하지 말라 (출 20:13-16)

No matarás[1].
No cometerás[2] adulterio.
No hurtarás[3].
No hablarás[4] contra tu prójimo falso testimonio. (V.R.)

No mates.
No cometas adulterio.
No robes.
No digas mentiras en perjuicio de tu prójimo. (V.P.)

No mates.
No andes con la mujer de tu prójimo.
No robes.
No des falso testimonio contra tu prójimo. (S.L.)

해설

1. matarás: matar(죽이다)의 직/미/2/단수
2. cometerás: cometer(범하다)의 직/미/2/단수
3. hurtarás: hurtar(훔치다)의 직/미/2/단수
4. hablarás: hablar(말하다)의 직/미/2/단수

네 이웃의 집을 탐내지 말라
네 이웃의 아내나 그의 남종이나
그의 여종이나 그의 소나 그의 나귀나
무릇 네 이웃의 소유를 탐내지 마라 (출 20:17)

No codiciarás[1] la casa de tu prójimo,
no codiciarás la mujer de tu prójimo,
ni su siervo, ni su criada, ni su buey, ni su asno,
ni cosa alguna de tu prójimo. (V.R.)

No codicies[2] la casa de tu prójimo:
no codicies su mujer, ni su esclavo
o su esclava, ni su buey, ni su asno,
ni nada que le pertenezca. (V.P.)

No codicies la casa de tu prójimo.
No codicies su mujer, ni sus servidores,
su buey o su burro.
No codicies nada de lo que le pertenece. (S.L.)

해설

1. codiciarás: codiciar(탐하다)의 직/미/2/단수
2. codicies: codiciar의 접/현/2/단수
   No codicies 탐하지 마라

내게 어머니를 떠나며 어머니를 따르지 말고
돌아가라 강권하지 마옵소서
어머니께서 가시는 곳에 나도 가고
어머니께서 머무시는 곳에서 나도 머물겠나이다
어머니의 백성이 나의 백성이 되고
어머니의 하나님이 나의 하나님이 되시리니 (룻 1:16)

No me ruegues[1] que te deje[2], y me aparte[3] de ti:
porque a dondequiera que tú fueres[4], iré yo,
y dondequiera que vivieres[5], viviré.
Tu pueblo será mi pueblo, y tu Dios mi Dios. (V.R.)

¡No me pidas que te deje y que me separe de ti!
Iré a donde tú vayas, y viviré donde tú vivas.
Tu pueblo será mi pueblo, y tu Dios será mi Dios. (V.P.)

No me obligues a dejarte, yéndome lejos de ti,
pues adonde tú vayas, iré yo; y donde tú vivas, viviré yo;
tu pueblo será mi pueblo y tu Dios será mi Dios. (S.L.)

해설

1. ruegues: rogar(간청하다)의 접/현/2/단수
2. deje: dejar의 접/현/3/단수
3. aparte: apartar의 접/현/3/단수
4. fueres: ir의 접/미/2/단수
5. vivieres: vivir의 접/미/2/단수

05 DE MAYO 5월 5일

어머니께서 죽으시는 곳에서 나도 죽어 거기 묻힐 것이라
만일 내가 죽는 일 외에 어머니를 떠나면
여호와께서 내게 벌을 내리시고 더 내리시기를 원하나이다 (룻 1:17)

Donde tú murieres[1], moriré[2] yo, y allí seré[3] sepultada;
así me haga[4] Jehová, y aun me añada[5],
que sólo la muerte hará[6] separación entre nosotros dos. (V.R.)

Moriré donde tú mueras, y allí quiero ser enterrada.
¡Que el Señor me castigue con toda dureza
si me separo de ti, a menos que sea por la muerte! (V.P.)

Donde tú mueras, allí también quiero morir yo y ser enterrada.
Que el Señor me castigue como es debido
si no es la muerte la que nos separe. (S.L.)

해설

1. murieres: morir(죽다)의 접/미/2/단수
2. moriré: morir의 직/미/1/단수
3. seré: ser의 직/미/1/단수
4. haga: hacer(하다)의 접/현/3/단수
5. añada: añadir(더하다)의 접/현/3/단수
6. hará: hacer의 직/미/3/단수

신들 중에 뛰어난 하나님께 감사하라
그 인자하심이 영원함이로라
주들 중에 뛰어난 주께 감사하라
그 인자하심이 영원함이로다 (시 136:2-3)

Alabad[1] al Dios de los dioses[2],
Porque para siempre es su misericordia.
Alabad al Señor de los señores,
Porque para siempre es su misericordia. (V.R.)

Den gracias al Dios de dioses,
porque su amor es eterno.
Den gracias al Señor de señores,
porque su amor es eterno. (V.P.)

Den gracias al Señor, Dios de los dioses,
porque su amor perdura para siempre.
Den gracias al Señor de los señores,
porque su amor perdura para siempre. (S.L.)

해설

1. alabad: alabar(찬양하다)의 2인칭 복수 명령
2. dioses: dios(신)의 복수

홀로 큰 기이한 일들을 행하시는 이에게 감사하라
그 인자하심이 영원함이로다
지혜로 하늘을 지으신 이에게 감사하라
그 인자하심이 영원함이로다 (시 136:4-5)

Al único que hace grandes maravillas,
Porque para siempre es su misericordia.
Al que hizo[1] los cielos con entendimiento,
Porque para siempre es su misericordia. (V.R.)

Al único que hace grandes maravillas,
porque su amor es eterno.
Al que hizo los cielos con sabiduría,
porque su amor es eterno. (V.P.)

Al único que ha hecho maravillas,
porque su amor perdura para siempre.
Al que creó los cielos sabiamente,
porque su amor perdura para siempre. (S.L.)

1. hizo: hacer(만들다)의 직/부정과거/3/단수

DE MAYO 5월 8일

땅을 물 위에 펴신 이에게 감사하라
그 인자하심이 영원함이로다
큰 빛들을 지으신 이에게 감사하라
그 인자하심이 영원함이로다 (시 136:6-7)

Al que extendió[1] la tierra sobre las aguas,
Porque para siempre es su misericordia.
Al que hizo las grandes lumbreras,
Porque para siempre es su misericordia. (V.R.)

Al que extendió la tierra sobre las aguas,
porque su amor es eterno.
Al que hizo el sol y la luna,
porque su amor es eterno. (V.P.)

Al que extendió la tierra sobre el agua,
porque su amor perdura para siempre.
Al que creó las grandes luminarías,
porque su amor perdura para siempre. (S.L.)

해설

1. extendió: extender(펼치다)의 직/부정과거/3/단수

해로 달을 주관하게 하신 이에게 감사하라
그 인자하심이 영원함이로다
달과 별들로 밤을 주관하게 하신 이에게 감사하라
그 인자하심이 영원함이로다 (시 136:8-9)

El sol para que señorease[1] en el día,
Porque para siempre es su misericordia.
La luna y las estrellas para que señoreasen[2] en la noche,
Porque para siempre es su misericordia. (V.R.)

El sol, para alumbrar de día,
porque su amor es eterno;
la luna y las estrellas, para alumbrar de noche,
porque su amor es eterno. (V.P.)

El sol, para que esté al frente del día,
porque su amor perdura para siempre.
La luna y las estrellas, para que estén
al frente de la noche,
porque su amor perdura para siempre. (S.L.)

해설

1. señorease: señorear(주관하다)의 접/과거/3/단수
2. señoreasen: señorear의 접/과거/3/복수

만물의 마지막이 가까이 왔으니
그러므로 너희는 정신을 차리고
근신하여 기도하라 (벧전 4:7)

Mas el fin de todas las cosas se acerca;
sed, pues, sobrios,
y velad[1] en oración. (V.R.)

Ya se acerca el fin de todas cosas.
Por eso,
sean ustedes juiciosos
y dedíquense seriamente a la oración. (V.P.)

El fin de todas cosas está próximo.
Por eso,
lleven una vida seria
y sean sobrios para que puedan orar. (S.L.)

해설

1. velad: velar(철야하다)의 vosotros의 긍정 명령

볼지어다
하나님께 징계 받는 자에게는 복이 있나니
그런즉
너는 전능자의 징계를 업신여기지 말지니라 (욥 5:17)

He aquí,
bienaventurado es el hombre a quien Dios castiga[1];
Por tanto,
no menosprecies[2] la corrección del Todopoderoso. (V.R.) 

Feliz el hombre a quien Dios reprende;
no rechaces la reprensión del Todopoderoso. (V.P.)

¡Dichoso el hombre a quien Dios corrige!
No desprecies,
pues,
la lección del Omnipotente. (S.L.)

해설

1. castiga: castigar(벌하다)의 직/현/3/단수
2. no menosprecies: 업신여기지 마라

하나님은 아프게 하시다가
싸매시며
상하게 하시다가
그의 손으로 고치시나니 (욥 5:18)

Porque él es quien hace la llaga,
y él la vendará[1];
El hiere[2],
y sus manos curan[3]. (V.R.)

Si él hace una herida,
también la vendará;
si con su mano da el golpe,
también da el alivio. (V.P.)

Pues él es el que hiere
y el que venda la herida,
el que llaga
y hace la curación con su mano. (S.L.)

해설

1. vendará: vendar(붕대를 감다)의 직/미/3/단수
2. hiere: herir(상처를 입히다)의 직/현/3/단수
3. curan: curar(치료하다)의 직/현/3/복수

13 DE MAYO 5월 13일

여섯 가지 환난에서
너를 구원하시며
일곱 가지 환난이라도
그 재앙이 네게 미치지 않게 하시며 (욥 5:19)

En tres tribulaciones
te librará[1],
Y en la séptima
no te tocará[2] el mal. (V.R.)

Una y otra vez
te librará del peligro,
y no dejará que el mal llegue a ti. (V.P.)

Seis veces
te librará de la angustia,
y a la séptima
el mal no te alcanzará. (S.L.)

해설

1. librará: librar(구원하다)의 직/미/3/단수
2. tocará: tocar(닿다)의 직/미/3/단수

기근 때에
죽음에서,
전쟁 때에
칼의 위협에서
너를 구원하실 터인즉 (욥 5:20)

En el hambre te salvará[1]
de la muerte,
Y del poder de la espada
en la guerra. (V.R.)

El tiempo de hambre
te librará de la muerte,
y en tiempo de guerra
te salvará de la espada. (V.P.)

Durante el hambre,
te salvará de la muerte;
y en la guerra,
del golpe de la espada. (S.L.)

해설

1. salvará: salvar(구원하다)의 직/미/3/단수

15 DE MAYO 5월 15일

네가 혀의 채찍을 피하여
숨을 수가 있고
멸망이 올 때에도
두려워하지 아니할 것이라 (욥 5:21)

Del azote de la lengua
serás encubierto;
No temerás[1]
la destrucción cuando viniere[2]. (V.R.)

Te protegerá
de las malas lenguas,
y no habrás de temer
cuando llegue el desastre. (V.P.)

Estarás protegido
de la lengua malvada,
sin miedo a la destrucción
cuando ésta llegue. (S.L.)

해설

1. no temerás: 두려워하지 마라
2. viniere: venir(오다)의 접/미/3/단수

16 DE MAYO 5월 16일

풀은 마르고
꽃이 시듦은
여호와의 기운이 그 위에 붊이라
이 백성은 실로 풀이로다 (사 40:7)

La hierba se seca[1],
y la flor se marchita[2],
porque el viento de Jehová sopla[3] en ella;
ciertamente como hierba es el pueblo. (V.R.)

La hierba se seca
y la flor se marchita
cuando el soplo del Señor pasa sobre ellas.
Ciertamente la gente es como hierba. (V.P.)

La hierba se seca
y la flor se marchita
cuando sobre ellas
sopla Yavé. (S.L.)

해설

1. se seca: secarse(마르다)의 직/현/3/단수
2. se marchita: marchitarse(시들다)의 직/현/3/단수
3. sopla: soplar(바람이 불다)의 직/현/3/단수

17 DE MAYO 5월 17일

형제들아
내가 사람의 예대로 말하노니
사람의 언약이라도 정한 후에는
아무도 폐하거나 더하거나 하지 못하느니라 (갈3:15)

Hermanos,
hablo en términos humanos:
Un pacto, aunque sea[1] de hombre, una vez ratificado,
nadie lo invalida, ni le añade[2]. (V.R.)

Hermanos,
voy a hablarles en términos humanos:
Cuando un hombre hace un trato
y lo respalda con su firma,
nadie puede anularlo ni agregarle nada. (V.P)

Hermanos, tomemos una comparación.
Cuando alguien ha hecho su testamento
en debida forma,
nadie puede anularlo ni agregarle algo. (S.L.)

해설

1. sea: ser의 접/현/3/단수
2. añade: añadir(더하다)의 직/현/3/단수

내가 여호와를 기다리고 기다렸더니
귀를 기울이사
나의 부르짖음을 들으셨도다 (시 40:1)

Pacientemente esperé[1] a Jehová,
Y se inclinó[2] a mí,
y oyó[3] mi clamor. (V.R.)

Puse mi esperanza en el Señor,
y él se inclinó
para escuchar mis gritos. (V.P.)

Esperaba en el Señor con gran confianza,
él se inclinó hacia mí
y escuchó mi clamor. (S.L.)

해설

1. esperé: esperar(기다리다)의 직/부정과거/1/단수
2. se inclinó: inclinarse(기울이다)의 직/부정과거/3/단수
3. oyó: oír(듣다)의 직/부정과거/3/단수
   oír 동사의 직설법 부정과거는 불규칙으로 oí, oíste, oyó, oímos, oísteis, oyeron

장차 형제가 형제를,
아버지가 자식을 죽는 데에 내주며
자식들이 부모를 대적하여
죽게 하리라 (마 10: 21)

El hermano entregará[1] a la muerte al hermano,
y el padre al hijo;
y los hijos se levantarán[2] contra los padres,
y los harán[3] morir. (V.R.)

Los hermanos entregarán a la muerte a sus hermanos,
y los padres a sus hijos;
y los hijos se volverán contra sus padres
y los matarán. (V.P.)

Entonces, un hermano denunciará a su hermano
para que lo maten, y el padre a su hijo,
y los hijos se sublevarán contra sus padres
y lo matarán. (S.L.)

해설

1. entregará: entregar(인계하다)의 직/미/3/단수
2. se levantarán: levantarse(대적하다)의 직/미/3/복수
3. harán: hacer(하게 하다)의 직/미/3/복수

또 너희가 내 이름으로 말미암아
모든 사람에게 미움을 받을 것이나
끝까지 견디는 자는 구원을 얻으리라 (마 10:22)

Y seréis aborrecidos[1] de todos
por causa de mi nombre;
mas el que persevere[2] hasta el fin,
éste será salvo. (V.R.)

Todo el mundo los odiará a ustedes
por causa mía;
pero el que se mantenga firme hasta el fin,
será salvo. (V.P.)

A causa de mi Nombre,
ustedes serán odiados por todos,
pero el que se mantenga firme hasta el fin
se salvará. (S.L.)

해설

1. seréis aborrecidos: 너희들은 구원을 받을 것이다
2. el que persevere: 견디는 자

21 DE MAYO 5월 21일

이 동네에서 너희를 박해하거든 저 동네로 피하라
내가 진실로 너희에게 이르노니
이스라엘의 모든 동네를 다 다니지 못하여서
인자가 오리라 (마 10:23)

Cuando os persigan[1] en esta ciudad, huid[2] a la otra;
porque de cierto os digo,
que no acabaréis[3] de recorrer todas las ciudades de Israel,
antes que venga el Hijo del Hombre. (V.R.)

Cuando los persigan en una ciudad, huyan a otra;
pues les aseguro que el Hijo del hombre vendrá
antes que ustedes hayan recorrido
todas las ciudades de Israel. (V.P.)

Cuando los persigan en una ciudad, huyan a otra.
Créanme que no terminarán de recorrer
todas las ciudades de Israel
antes de que venga el Hijo del Hombre. (S.L.)

해설

1. persigan: perseguir(뒤를 쫓다)의 접/현/3/복수
2. huid: huir(도망하다)의 vosotros의 긍정 명령
3. acabaréis: acabar의 직/미/2/복수

생베 조각을 낡은 옷에 붙이는 자가 없나니
이는 기운 것이 그 옷을 당기어
해어짐이 더하게 됨이요 (마 9:16)

Nadie pone[1] remiendo de paño nuevo
en vestido viejo;
porque tal remiendo tira[2] del vestido,
y se hace[3] peor la rotura. (V.R.)

Nadie arregla un vestido viejo
con un remiendo de tela nueva,
porque el remiendo nuevo escoge
y rompe el vestido viejo,
y el desgarrón se hace mayor. (V.P.)

Nadie remienda ropa vieja
con un pedazo de género nuevo,
porque el pedazo nuevo agrandará la rotura. (S.L.)

해설

1. pone: poner(붙이다)의 직/현/3/단수
2. tira: tirar(잡아당기다)의 직/현/3/단수
3. se hace: hacerse(되다)의 직/현/3/단수

23 DE MAYO 5월 23일

새 포도주를 낡은 가죽 부대에 넣지 아니하나니
그렇게 하면 부대가 터져 포도주도 쏟아지고 부대도 버리게 됨이라
새 포도주는 새 부대에 넣어야 둘이 다 보전되느니라 (마 9:17)

Ni echan[1] vino nuevo en odres viejos;
de otra manera los odres se rompen[2],
y el vino se derrama, y los odres se pierden;
pero echan el vino nuevo en odres nuevos,
y lo uno y lo otro se conservan juntamente. (V.R.)

Ni tampoco se echa vino nuevo en cueros viejos,
porque los cueros se revientan,
y tanto el vino como los cueros se pierden.
Por eso hay que echar el vino nuevo en cueros nuevos,
para que así se conserven las dos cosas. (V.P.)

Ni nadie echa vino nuevo en vasijas viejas,
porque si lo hacen, se rompen las vasijas,
el vino se desparrama y las vasijas se pierden.
El vino nuevo se echa en vasijas nuevas,
y así se conservan el vino y las vasijas. (S.L.)

해설

1. echan: echar(넣다)의 직/현/3/복수
2. se rompen: romperse(터지다)의 직/현/3/복수

의인의 입은
지혜를 내어도
패역한 혀는
베임을 당할 것이니라 (잠 10:31)

La boca del justo
producirá[1] sabiduría;
Mas la lengua perversa
será cortada[2]. (V.R.)

De los labios del justo
brota sabiduría,
pero el perverso
le cortarán la lengua. (V.P.)

La boca del justo
brota sabiduría,
la lengua perversa
será arrancada. (S.L.)

1. producirá: producir(생산하다)의 직/미/3/단수
2. será cortada: 잘릴 것이다

25 DE MAYO 5월 25일

**하나님의 말씀은 살아 있고 활력이 있어
좌우에 날선 어떤 검보다 예리하여
혼과 영과 및 관절과 골수를 찔러 쪼개기까지 하며
또 마음의 생각과 뜻을 판단하나니 (히 4:12)**

Porque la palabra de Dios es viva y eficaz,
y más cortante que toda espada de dos filos;
y penetra hasta partir el alma y el espíritu,
las coyunturas y los tuétanos,
y discierne[1] los pensamientos y las intenciones del corazón. (V.R.)

Porque la palabra de Dios tiene vida y poder.
Es más aguda que cualquier espada de dos filos,
y penetra hasta lo más profundo del alma y del espíritu,
hasta lo más íntimo de la persona;
y somete a juicio los pensamientos y las intenciones del corazón. (V.P.)

En efecto, la Palabra de Dios es viva y eficaz,
más penetrante que espada de doble filo.
Penetra hasta la raíz del alma y del espíritu,
sondeando los huesos y los tuétanos
para probar los deseos y los pensamientos más íntimos. (S.L.)

해설

1. discierne: discernir(판단하다)의 직/현/3/단수

26 DE MAYO 5월 26일

지으신 것이
하나도 그 앞에 나타나지 않음이 없고
우리의 결산을 받으실 이의 눈앞에
만물이 벌거벗은 것 같이 드러나느니라 (히 4:13)

Y no hay cosa creada[1]
que no sea manifiesta[2] en su presencia;
antes bien todas las cosas están desnudas
y abiertas a los ojos de aquel
a quien tenemos que dar cuenta. (V.R.)

Nada de lo que Dios ha creado
puede esconderse de él;
Todo está claramente expuesto ante aquel
a quien tenemos que rendir cuentas. (V.P.)

Toda criatura es transparente ante ella;
todo queda desnudo y al descubierto
a los ojos de Aquel
al que debemos dar cuantas. (S.L.)

해설

1. cosa creada: 지으신 것
2. sea manifiesta: 나타나다

주 안에서 항상 기뻐하라
내가 다시 말하노니 기뻐하라
너희 관용을 모든 사람에게 알게 하라
주께서 가까우시니라 (빌 4:4-5)

Regocijaos[1] en el Señor siempre.
Otra vez digo: ¡Regocijaos!
Vuestra gentileza sea conocida[2] de todos los hombres.
El Señor está cerca. (V.R.)

Alégrense siempre en el Señor.
Repito: ¡Alégrense!
Que todos los conozcan a ustedes como personas bondadosas.
El Señor está cerca. (V.P.)

Alégrense en el Señor en todo tiempo.
Les repito: alégrense,
y den a todos muestras de un espíritu muy comprensivo.
El Señor está cerca. (S.L.)

해설

1. regocijaos: regocijarse(기쁘다)의 vosotros의 긍정 명령
2. sea conocida: 알려지다

아무 것도 염려하지 말고
다만 모든 일에 기도와 간구로,
너희 구할 것을 감사함으로
하나님께 아뢰라 (빌 4:6)

Por nada estéis afanosos[1],
sino sean conocidas[2] vuestras peticiones
delante de Dios en toda oración y ruego,
con acción de gracias. (V.R.)

No se aflijan por nada,
sino preséntenselo todo
a Dios en oración;
pídanle, y denle gracias también. (V.P.)

No se inquieten por nada.
En cualquier circunstancia recurran
a la oración y a la súplica,
junto a la acción de gracias,
para presentar sus peticiones a Dios. (S.L.)

해설

1. estéis afanosos: 염려하다
2. sean conocidas: 열려지다

그리하면
모든 지각에 뛰어난 하나님의 평강이
그리스도 예수 안에서 너희 마음과 생각을 지키시리라 (빌 4:7)

Y
la paz de Dios, que sobrepasa[1] todo entendimiento,
guardará[2] vuestros corazones
y vuestros pensamientos en Cristo Jesús. (V.R.)

Así
Dios les dará su paz,
que es más grande de lo que el hombre puede entender;
y esta paz cuidará sus corazones y sus pensamientos,
porque ustedes están unidos a Cristo Jesús. (V.P.)

Entonces
la paz de Dios,
que es mucho mayor de lo que se puede imaginar,
les guardará su corazón y sus pensamientos
en Cristo Jesús. (S.L.)

해설

1. sobrepasa: sobrepasar(앞지르다)의 직/현/3/단수
2. guardará: guardar(지키다)의 직/미/3/단수

끝으로 형제들아
무엇에든지 참되며 무엇에든지 경건하며
무엇에든지 옳으며 무엇에든지 정결하며
무엇에든지 사랑 받을 만하며, 무엇에든지 칭찬 받을 만하며
무슨 덕이 있든지 무슨 기림이 있든지 이것들을 생각하라 (빌 4:8)

Por lo demás, hermanos,
todo lo que es verdadero, todo lo honesto,
todo lo justo, todo lo puro, todo lo amable,
todo lo que es de buen nombre: si hay virtud alguna,
si algo digno de alabanza, en esto pensad[1]. (V.R.)

Por último, hermanos,
piensen en todo lo verdadero, en todo lo que es digno de respeto,
en todo lo recto, en todo puro,
en todo lo agradable, en todo lo que tiene buena fama.
Piensen en todo lo que es bueno y merece alabanza. (V.P.)

Por lo demás, hermanos,
fíjense en todo lo que encuentren de verdadero,
de noble, de justo, de limpio, en todo lo que es hermoso y honrado.
Fíjense en cuanto merece admiración y alabanza. (S.L.)

해설

1. pensad: 너희들 생각해라

31 DE MAYO 5월 31일

너희는 내게 배우고 받고 듣고 본 바를 행하라
그리하면
평강의 하나님이 너희와 함께 계시리라 (빌 4:9)

Lo que aprendisteis[1] y recibicisteis[2] y oísteis[3] y visteis[4] en mí,
esto haced[5];
y el Dios de paz estará[6] con vosotros. (V.R.)

Pongan en práctica lo que les enseñe
y las instrucciones que les di,
lo que me oyeron decir y lo que me vieron hacer: háganlo
así y el Dios de paz estará con ustedes. (V.P.)

Todo lo que han aprendido, recibido y oído de mí,
todo lo que me han visto hacer, háganlo.
Y el Dios de la Paz estará con ustedes. (S.L.)

해설

1. aprendisteis: aprender의 직/부정과거/2/복수
2. recibisteis: recibir의 직/부정과거/2/복수
3. oístes: oír의 직/부정과거/2/복수
4. visteis: ver의 직/부정과거/2/복수
5. haced: 너희들 행하라
6. estará: estar의 직/미/3/단수

01 DE JUNIO 6월 1일

**나는 비천에 처할 줄도 알고 풍부에 처할 줄도 알아
모든 일 곧 배부름과 배고픔과 풍부와 궁핍에도
처할 줄 아는 일체의 비결을 배웠노라 (빌 4:12)**

Sé[1] vivir humildemente, y sé tener abundancia;
en todo y por todo estoy enseñado,
así para estar saciado como para tener hambre,
así para tener abundancia como para padecer necesidad. (V.R.)

Sé lo que es vivir en la pobreza,
y también lo que es vivir en la abundancia.
He aprendido a hacer frente a cualquier situación,
lo mismo a estar satisfecho que a tener hambre,
a tener de sobra que a no tener nada. (V.P.)

Sé pasar privaciones, como vivir en la abundancia.
Estoy entrenado para cualquier momento o situación:
estar satisfecho o hambriento,
en la abundancia o en la escasez. (S.L.)

해설

1. sé: saber(알다)의 직/현/1/단수

어진 여인은 그 지아비의 면류관이나
욕을 끼치는 여인은
그 지아비의 뼈가 썩음 같게 하느니라 (잠 12:4)

La mujer virtuosa[1] es corona de su marido;
Mas la mala[2],
como carcoma en sus huesos. (V.R.)

La mujer ejemplar hace de su marido un rey,
pero la mala esposa
lo destruye por completo. (V.P.)

Una mujer valiente es corona para su marido,
mientras que la desvergonzada
es como una caries en los huesos. (S.L.)

해설

1. la mujer virtuosa: 어진 여인
2. la mala: la mujer mala 악한 여인

지혜를 얻은 자와
명철을 얻은 자는 복이 있나니
이는 지혜를 얻는 것이 은을 얻는 것보다 낫고
그 이익이 정금보다 나음이니라 (잠 3: 13-14)

Bienaventurado el hombre que halla[1] la sabiduría,
Y que obtiene[2] la inteligencia;
porque su ganancia es mejor que la ganancia de la plata,
Y sus frutos más que el oro fino. (V.R.)

Dichoso el que halla sabiduría,
el que obtiene inteligencia;
porque son más provechosas que la plata
y rinden mayores beneficios que el oro. (V.P.)

Feliz el hombre que ha hallado la sabiduría,
dichoso el que adquiere la inteligencia.
Mejor es poseerla que tener plata;
el oro no procura tantos beneficios. (S.L.)

해설

1. halla: hallar(발견하다, 얻다)의 직/현/3/단수
2. obtiene: obtener(얻다)의 직/현/3/단수

내가 확신하노니
사망이나 생명이나
천사들이나 권세자들이나
현재 일이나 장래 일이나 능력이나 (롬 8:38)

Por lo cual estoy seguro de[1]
que ni la muerte, ni la vida,
ni ángeles, ni principados,
ni potestades, ni lo presente, ni lo por venir, (V.R.)

Estoy convencido de
que nada podrá separarnos del amor de Dios;
ni la muerte, ni la vida,
ni los ángeles, ni los poderes
y fuerzas espirituales, ni lo presente, ni lo futuro (V.P.)

Estoy seguro de
que ni la muerte, ni la vida,
ni los ángeles, ni los poderes espirituales,
ni el presente, ni el futuro,
ni las fuerzas del universo (S.L.)

해설

1. estar seguro de: (무엇을) 확신하다

높음이나 깊음이나
다른 어떤 피조물이라도
우리를 우리 주 그리스도 예수 안에 있는
하나님의 사랑에서 끊을 수 없으리라 (롬 8:39)

ni lo alto, ni lo profundo,
ni ninguna otra cosa creada
nos podrá[1] separar del amor de Dios,
que es en Cristo Jesús Señor nuestro. (V.R.)

ni lo alto, ni lo profundo,
ni ninguna otra de las cosas creadas por Dios.
¡Nada podrá separarnos del amor
que Dios nos ha mostrado
en Cristo Jesús nuestro Señor! (V.P.)

sean de los cielos, sean de los abismos,
ni criatura alguna,
podrá apartarnos del amor de Dios,
que encontramos
en Cristo Jesús, nuestro Señor. (S.L.)

해설

1. podrá: poder의 직/미/3/단수
poder(할 수 있다)의 직설법 미래는 불규칙으로 podré, podrás, podrá, podremos, podréis, podrán

예수께서 외쳐 이르시되
나를 믿는 자는 나를 믿는 것이 아니요 나를 보내신 이를 믿는 것이며
나를 보는 자는 나를 보내신 이를 보는 것이니라 (요 12:44-45)

Jesús clamó[1] y dijo[2]:
El que cree en[3] mí, no cree en mí, sino en el que me envió[4];
y el que me ve[5], ve al que me envió. (V.R.)

Jesús dijo con voz fuerte:
El que cree en mí, no cree solamente en mí,
sino también en el Padre, que me ha enviado.
Y el que me ve a mí, ve también al que me ha enviado. (V.P.)

Jesús clamó con voz fuerte:
El que cree en mí, en realidad no cree en mí
sino en aquel que me ha enviado.
El que me ve, ve al que me envía. (S.L.)

해설

1. clamó: clamar(외치다)의 직/부정과거/3/단수
2. dijo: decir(말하다)의 직/부정과거/3/단수
3. creer en: (누구를) 믿다
4. envió: enviar(보내다)의 직/부정과거/3/단수
5. ve: ver(보다)의 직/현/3/단수

나는 빛으로 세상에 왔나니
무릇 나를 믿는 자로
어둠에 거하지 않게 하려 함이로라 (요 12:46)

Yo, la luz, he venido[1] al mundo,
para que todo aquel que cree en mí
no permanezca[2] en tinieblas. (V.R.)

Yo, que soy la luz, he venido al mundo
para que los que creen en mí
no se queden en la oscuridad. (V.P.)

Yo soy la luz y he venido al mundo
para que quien crea en mí
no permanezca en tinieblas. (S.L.)

해설

1. he venido: venir(오다)의 직/현재완료/1/단수
2. permanezca: permanecer(꼼짝하지 않다)의 접/현/3/단수

DE JUNIO 6월 8일

사람이 내 말을 듣고 지키지 아니할지라도
내가 그를 심판하지 아니하노라
내가 온 것은 세상을 심판하려 함이 아니요
세상을 구원하려 함이로라 (요 12:47)

Al que oye[1] mis palabras, y no las guarda[2],
yo no le juzgo[3];
porque no he venido a juzgar al mundo,
sino a salvar al mundo. (V.R.)

Pero a aquel que oye mis palabras y no las obedece,
no soy yo quien lo condena;
porque yo no vine para condenar al mundo,
sino para salvarlo. (V.P.)

Al que escucha mi Palabra pero no la obedece,
no seré yo quien lo condene,
porque yo no he venido a condenar al mundo
sino a salvarlo. (S.L.)

해설

1. oye: oír(듣다)의 직/현/3/단수
2. guarda: guardar(지키다)의 직/현/3/단수
3. juzgo: juzgar(판단하다)의 직/현/1/단수

09 DE JUNIO 6월 9일

나를 저버리고 내 말을 받지 아니하는 자를
심판할 이가 있으니
곧 내가 한 그 말이 마지막 날에 그를 심판하리라 (요 12:48)

El que me rechaza[1], y no recibe[2] mis palabras,
tiene quien le juzgue[3];
la palabra que he hablado[4], ella le juzgará[5] en el día postrero. (V.R.)

El que me desprecia y no hace caso de mis palabras,
ya tiene quien la condene:
las palabras que yo he dicho lo condenarán en el día último. (V.P.)

El que me desprecia y no hace caso de mi Palabra,
tiene quien lo juzgue y condene:
será mi propia Palabra; ella lo juzgará el último día. (S.L.)

해설

1. rechaza: rechazar(저버리다)의 직/현/3/단수
2. recibe: recibir(받다)의 직/현/3/단수
3. juzgue: juzgar(심판하다)의 접/현/3/단수
4. he hablado: hablar(말하다)의 직/현재완료/1/단수
5. juzgará: juzgar의 직/미/3/단수

10 DE JUNIO 6월 10일

내가 내 자의로 말한 것이 아니요
나를 보내신 아버지께서
내가 말할 것과 이를 것을
친히 명령하여 주셨으니 (요 12:49)

Porque yo no he hablado por mi propia cuenta;
el Padre que me envió[1],
él me dio[2] mandamiento de lo que he de decir,
y de lo que he de hablar. (V.R.)

Porque yo no hablo por mi cuenta;
el Padre, que me ha enviado,
me ha ordenado
lo que debo decir y enseñar. (V.P.)

Porque yo no hablo por mi propia cuenta:
el Padre que me envió
me encargo
lo que debo decir y cómo decirlo. (S.L.)

해설

1. envió: enviar(보내다)의 직/부정과거/3/단수
2. dio: dar(주다)의 직/부정과거/3/단수
   dar의 직설법 부정과거는 불규칙으로 di, diste, dio, dimos, disteis, dieron

나는 그의 명령이 영생인 줄 아노라
그러므로 내가 이르는 것은
내 아버지께서 내게 말씀하신
그대로니라 하시니라 (요 12:50)

Y sé que su mandamiento es vida eterna.
Así pues, lo que yo hablo[1],
lo hablo como el Padre
me lo ha dicho[2]. (V.R.)

Y sé que el mandato de mi Padre es para vida eterna.
Así pues, lo que yo digo,
lo digo como el Padre
me ha ordenado. (V.P.)

Por mi parte, yo sé que su decreto es vida eterna,
y entrego mi mensaje
tal como me lo encargó mi Padre. (S.L.)

해설

1. lo que yo hablo: 내가 말하는 것
2. ha dicho: decir(말하다)의 직/현재 완료/3/단수

슬기로운 자는
재앙을 보면 숨어 피하여도
어리석은 자들은
나가다가 해를 받느니라 (잠 27:12)

El avisado
ve el mal y se esconde[1];
Mas los simples
pasan y llevan el daño[2]. (V.R.)

El prudente
ve el peligro y lo evita;
el imprudente
sigue adelante y sufre el daño. (V.P.)

El hombre listo
ve la desgracia y se esconde,
los simples
siguen adelante a costa suya. (S.L.)

해설

1. se esconde: esconderse(숨다)의 직/현/3/단수
2. llevar el daño: 해를 받다

마땅히 행할 길을
아이에게 가르치라
그리하면 늙어도
그것을 떠나지 아니하리라 (잠22:6)

Incluye al niño
en su camino,
Y aun cuando fuere[1] viejo
no se apartará de[2] él. (V.R.)

Dale buena educación
al niño de hoy,
y el viejo de mañana
jamás la abandonará. (V.P.)

Enseña al niño
el camino que debe seguir,
no se apartará de él
mientras viva. (S.L.)

해설

1. fuere: ser의 접/미/3/단수
종속절에서 접속법 미래는 고어에서 사용되며 현대 스페인 어에서는 접속법 현재형이 사용됨
2. apartarse de: …에서 떨어지다, 떠나다

14 DE JUNIO 6월 14일

내가 진실로 진실로 너희에게 이르노니
내가 보낸 자를 영접하는 자는 나를 영접하는 것이요
나를 영접하는 자는 나를 보내신 이를 영접하는 것이니라 (요 13:20)

De cierto, de cierto os digo:
El que recibe[1] al que yo enviare[2], me recibe a mí;
y el que me recibe a mí[3], recibe al que me envió[4]. (V.R.)

Les seguro
que el que recibe al que yo envío, me recibe a mí;
y el que me recibe a mí, recibe al que me ha enviado. (V.P.)

En verdad, les digo:
El que recibe al que yo envío, a mí me recibe,
y el que me recibe a mí, recibe al que me envío. (S.L.)

해설

1. el que recibe: 영접하는 자
2. al que yo enviare: 내가 보낼 자
3. el que me recibe a mí: 나를 보내는 자
4. al que me envió: 나를 보낸 자를

너희가 너희를 사랑하는 자를 사랑하면
무슨 상이 있으리요
세리도 이같이 아니하느냐 (마 5:46)

Porque si amáis a los que os aman[1],
¿qué recompensa tendréis[2]?
¿No hacen también lo mismo los publicanos? (V.R.)

Porque si ustedes aman solamente
a quienes los aman,
¿qué premio recibirán?
Hasta los que cobran impuestos para Roma
se portan así. (V.P.)

Porque si ustedes aman a los que los aman,
¿qué premio merecen?,
¿no obran así también los pecadores? (S.L.)

해설

1. a los que os aman: 너희들을 사랑하는 자를
2. tendréis: tener의 직/미/2/복수
   tener의 직설법 미래형은 불규칙으로 tendré, tendrás, tendrá, tendremos, tendréis, tendrán

16 DE JUNIO 6월 16일

마지막으로 말하노니
너희가 다 마음을 같이하여
동정하며 형제를 사랑하며
불쌍히 여기며 겸손하며 (벧전 3:8)

Finalmente,
sed[1] todos de un mismo sentir,
compasivos, amándoos[2] fraternalmente,
misericordiosos, amigables: (V.R.)

En fin,
vivan todos ustedes en armonía,
unidos en un mismo sentir y amándose como hermanos.
Sean bondadosos y humildes. (V.P.)

Finalmente,
tengan todos un mismo sentir;
compartan las preocupaciones de los demás con amor fraternal,
sean compasivos y humildes. (S.L.)

해설

1. sed: ser의 vosotros의 긍정 명령
2. amándoos: 너희들 서로 사랑하며. amar(사랑하다)의 현재 분사 amando+os

악을 악으로, 욕을 욕으로 갚지 말고 도리어 복을 빌라
이를 위하여 너희가 부르심을 받았으니
이는 복을 이어받게 하려 하심이라 (벧전 3:9)

no devolviendo[1] mal por mal,
ni maldición por maldición,
sino por el contrario, bendiciendo[2],
sabiendo[3] que fuisteis llamados
para que heredaseis bendición. (V.R.)

No devuelvan mal por mal
ni insulto por insulto.
Al contrario, devuelvan bendición,
pues Dios los ha llamado a recibir bendición. (V.P.)

No devuelvan mal por mal,
ni contesten el insulto con el insulto.
Al contrario, bendigan,
ya que ustedes mismos fueron llamados a bendecir
y al alcanzar por ese medio las bendiciones de Dios. (S.L.)

해설

1. devolviendo: devolver(갚다)의 현재 분사
2. bendiciendo: bendecir(축복하다)의 현재 분사
3. sabiendo: saber(알다)의 현재 분사

18 DE JUNIO 6월 18일

지혜로운 여인은
자기의 집을 세우되
미련한 여인은
자기의 손으로 그것을 허느니라 (잠 14:1)

La mujer sabia
edifica[1] su casa;
Mas la necia
con sus manos la derriba[2]. (V.R.)

La mujer sabia
construye su casa;
la necia,
con sus propias manos la destruye. (V.P.)

La sabiduría
levanta la casa,
la necedad
la destruye con sus propias manos. (S.L.)

해설

1. edifica: edificar(세우다)의 직/현/3/단수
2. derriba: derribar(헐다)의 직/현/3/단수

생명을 사랑하고 좋은 날 보기를 원하는 자는
혀를 금하여 악한 말을 그치며
그 입술로 거짓을 말하지 말고 (벧전 3:10)

El que quiere amar la vida[1]
y ver días buenos,
Refrene[2] su lengua de mal,
Y sus labios no hablen engaño; (V.R.)

Porque:
Quien quiera amar la vida y pasar días felices,
cuide su lengua de hablar mal
y sus labios de decir mentiras. (V.P.)

Porque:
El que de veras busca gozar de la vida
y quiere vivir días felices,
cuide que su lengua no hable mal,
y que de su boca no salga el engaño. (S.L.)

해설

1. el que quiere amar la vida: 생명을 사랑하기를 원하는 자
2. refrene: refrenar(제지하다)의 접/현/3/단수

20 DE JUNIO 6월 20일

악에서 떠나
선을 행하고
화평을 구하며
그것을 따르라 (벧전 3:11)

Apártese[1] del mal,
y haga[2] el bien;
Busque[3] la paz,
y sígala[4]. (V.R.)

aléjese del mal
y haga el bien,
busque la paz
y sígala. (V.P.)

Aléjese del mal
y haga el bien,
busque la paz
y corra tras ella. (S.L.)

해설

1. apártese: apartarse(떠나다)의 usted의 명령
2. haga: hacer(행하다)의 usted의 명령
3. busque: buscar(구하다)의 usted의 명령
4. sígala: siga(따르라)+la(la paz)

주의 눈은 의인을 향하시고
그의 귀는 의인의 간구에 기울이시되
주의 얼굴은 악행하는 자들을
대하시느니라 (벧전 3:12)

Porque los ojos del Señor están sobre los justos,
Y sus oídos atentos a sus oraciones;
Pero el rostro del Señor está contra
aquellos que hacen el mal.[1] (V.R.)

Porque el Señor cuida a los justos
y presta oídos a sus oraciones,
pero está en contra de
los malhechores. (V.P.)

Porque el Señor tiene los ojos puestos
sobre los justos
y los oídos atentos a sus peticiones.
Mas el Señor se indigna
contra los que hacen el mal. (S.L.)

해설

1. aquellos que hacen el mal: 악을 행한 자들

너는 잠자기를 좋아하지 말라
네가 빈궁하게 될까 두려우니라
네 눈을 뜨라
그리하면 양식이 족하리라 (잠 20:13)

No ames[1] el sueño,
para que no te empobrezcas[2];
Abre[3] tus ojos,
y te saciarás de[4] pan. (V.R.)

No te entregues al sueño,
o te quedarás pobre;
manténte despierto
y tendrás pan de sobra. (V.P.)

No gustes dormir,
te empobrecerás;
mantén los ojos abiertos
y tendrás tu ración de pan. (S.L.)

해설

1. no ames: 좋아하지 마라
2. te empobrecezcas: empobrecerse(가난해지다)의 접/현/2/단수
   para que 다음에서는 무조건 접속법 동사를 사용함
3. abre: abrir(열다)의 tú의 긍정 명령. abrir los ojos 눈을 뜨다
4. saciarse de: 만족하다

거만한 자를 때리라
그리하면 어리석은 자도 지혜를 얻으리라
명철한 자를 견책하라
그리하면 그가 지식을 얻으리라 (잠 19:25)

Hiere[1] al escarnecedor,
y el simple se hará[2] avisado;
Y corrigiendo[3] al entendido,
entenderá[4] ciencia. (V.R.)

Del castigo al insolente,
el imprudente aprende;
el sabio aprende
con la sola corrección. (V.P.)

Castiga al burlón,
y el simple se hará prudente;
reprende a un hombre inteligente,
se dará a la razón. (S.L.)

해설

1. hiere: herir(상처를 입히다)의 직/현/3/단수. tú의 긍정 명령
2. se hará: hacerse(되다)의 직/미/3/단수
   hacer 동사의 직설법 미래형은 불규칙으로 haré, harás, hará, haremos, haréis, harán
3. corregiendo: corregir(훈계하다)의 현재 분사
4. entenderá: entender(이해하다)의 직/미/3/단수

24 DE JUNIO 6월 24일

계명을 지키는 자는
자기의 영혼을 지키거니와
자기의 행실을 삼가지 아니하는 자는
죽으리라 (잠 19:16)

El que guarda[1] el mandamiento
guarda su alma;
Mas el que menosprecia[2] sus caminos
morirá[3]. (V.R.)

El que cumple el mandamiento
protege su vida;
el que desprecia la enseñanza del Señor,
muere. (V.P.)

El que guarda el mandamiento
se guarda sí mismo;
el que lo desprecia
va a la muerte. (S.L.)

해설

1. el que guarda: 지키는 자
2. el que menosprecia: 무시하는 자
3. morirá: morir(죽다)의 직/미/3/단수

여호와여 일어나옵소서
하나님이여 손을 드옵소서
가난한 자들을 잊지 마옵소서 (시 10:12)

Levántate[1], oh Jehová Dios,
alza[2] tu mano;
No te olvides de[3] los pobres. (V.R.)

¡Levántate, Señor,
levanta tu brazo!
¡No olvides a los afligidos! (V.P.)

Señor, ¡haz algo!,
extiende tu mano
y no olvides a los humildes. (S.L.)

해설

1. levántate: 일어나소서
   levantarse(일어나다)의 tú의 긍정 명령
2. alza: alzar(들다, 올리다)의 tú의 긍정 명령
3. olvidarse de: (무엇을) 잊다
   no te olvides de los pobres 가난한 자들을 잊지 마소서

26 DE JUNIO 6월 26일

복 있는 사람은
악인들의 꾀를 따르지 아니하며
죄인들의 길에 서지 아니하며
오만한 자들의 자리에 앉지 아니하며 (시 1:1)

Bienaventurado el varón
que no anduvo[1] en consejo de malos,
Ni anduvo en camino de pecadores,
Ni en silla de escarnecedores se ha sentado[2]; (V.R.)

Feliz el hombre
que no sigue el consejo de los malvados,
ni va por el camino de los pescadores,
ni hace causa común con los que se burlan de Dios, (V.P.)

Dichoso el hombre aquel
que no asiste a reuniones de malvados,
ni se para en el camino del pecado,
ni en el banco de los burlones se sienta, (S.L.)

해설

1. anduvo: andar(걷다)의 직/부정과거/3/단수
   andar 동사의 직설법 부정과거는 불규칙으로 anduve, anduviste, anduvo, anduvimos, anduvisteis, anduvieron
2. se ha sentado: sentarse(앉다)의 직/현재완료/3/단수

오직 여호와의 율법을 즐거워하여
그의 율법을 주야로 묵상하는도다 (시 1:2)

Sino que en la ley de Jehová está su delicia,
Y en su ley medita[1] de día y de noche[2]. (V.R.)

sino que pone su amor en la ley del Señor
y en ella medita noche y día. (V.P.)

mas cumplir la ley de Dios es su alegría,
y murmura su oración de día y noche. (S.L.)

해설

1. medita: meditar(묵상하다)의 직/현/3/단수
2. de día y de noche: 주야로, 밤낮으로

28 DE JUNIO 6월 28일

그가 시냇가에 심은 나무가
철을 따라 열매를 맺으며
그 잎사귀가 마르지 아니함 같으니
그가 하는 모든 일이 다 형통하리로다 (시 1:3)

Será como árbol plantado junto a corrientes de aguas,
Que da su fruto[1] en su tiempo,
Y su hoja no cae[2];
Y todo lo que hace, prosperará[3]. (V.R.)

Este hombre es como un árbol planteado a la orilla de un río,
que da su fruto a su tiempo
y jamás se marchitan sus hojas.
¡Todo lo que hace, le sale bien! (V.P.)

Es como árbol plantado
junto al río que da su fruto a tiempo
y tiene su follaje siempre verde,
pues todo lo que él hace le resulta. (S.L.)

해설

1. dar su fruto: 열매를 맺다
2. cae: caer(떨어지다)의 직/현/3/단수
3. prosperará: prosperar(번성하다)의 직/미/3/단수

의인의 집에는
많은 보물이 있어도
악인의 소득은
고통이 되느니라 (잠 15:6)

En la casa del justo
hay gran provisión[1];
Pero turbación
en las ganancias del impío. (V.R.)

Gran abundancia
hay en casa del hombre honrado,
pero al malvado
no le aprovechan sus ganancias. (V.P.)

En casa del justo
hay de todo en abundancia,
pero sobre las ganancias del malvado
viene la desgracia. (S.L.)

해설

1. hay gran provisión: 큰 저축이 있다

형제들아 서로 원망하지 말라
그리하여야 심판을 면하리라
보라 심판주가 문 밖에 서 계시니라 (약 5:9)

Hermanos, no os quejéis[1] unos contra otros,
para que no seáis condenados[2];
he aquí, el juez está delante de la puerta. (V.R.)

Hermanos, no se quejen unos de otros,
para que no sean juzgados;
pues Dios, que es el Juez, está ya a la puerta. (V.P.)

Hermanos, no peleen unos con otros
y así no serán juzgados.
Miren que el juez está a la puerta. (S.L.)

해설

1. no os quejéis: 너희들 불평하지 마라
2. para que no seáis condenados: 너희들이 처벌을 받지 않도록
   condenar: 처벌하다, 판결하다

사람은 입에서 나오는 열매로 말미암아
배부르게 되나니
곧 그의 입술에서 나는 것으로 말미암아
만족하게 되느니라 (잠 18:20)

Del fruto de la boca del hombre
se llenará[1] su vientre;
Se saciará[2]
del productos de sus labios. (V.R.)

Cada uno comerá
hasta el cansancio
del fruto de sus palabras. (V.P.)

Con lo que salió de su boca
se sacia el hombre,
lo que salió de sus labios
le da el aliento. (S.L.)

해설

1. se llenará: llenarse(채워지다)의 직/미/3/단수
2. se saciará: saciarse(만족하다)의 직/미/3/단수

02 DE JULIO 7월 2일

여호와여
주는 나의 방패시오
나의 영광이시오
나의 머리를 드시는 자이시니이다 (시 3:3)

Más tu, Jehová,
eres escudo alrededor de mí;
Mi gloria,
y el que levanta mi cabeza[1]. (V.R.)

Pero tú, Señor,
eres mi escudo protector,
eres mi gloria,
eres quien me reanima. (V.P.)

Más tú, mi Dios,
eres escudo que me ciñes,
mi gloria,
que sostienes mi cabeza. (S.L.)

해설

1. el que levanta mi cabeza: 내 머리를 드시는 자

여호와여
내가 수척하였아오니 내게 은혜를 베푸소서
여호와여
나의 뼈가 떨리오니 나를 고치소서 (시 6:2)

Ten misericordia de mí,
oh Jehová, porque estoy enfermo;
Sáname[1],
oh Jehová, porque mis huesos se estremecen[2]. (V.R.)

Señor,
ten compasión de mí, pues me siento sin fuerzas.
Señor,
devuélveme la salud, pues todo el cuerpo me tiembla. (V.P.)

Misericordia,
Señor,
que desfallezco.
Sáname tú, porque el temor ha carcomido mis huesos. (S.L.)

해설

1. sáname: 나를 고치소서
2. se estremecen: estremecerse(떨리다)의 직/현/3/단수

04 DE JULIO 7월 4일

네게 구하는 자에게 주며
네게 꾸고자 하는 자에게
거절하지 말라 (마 5:42)

Al que te pida[1], dale[2];
y al que quiera tomar de ti prestado,
no se lo rehúses[3]. (V.R.)

A cualquiera que te pida algo, dáselo;
y no le vuelvas la espalda
al que te pida prestado. (V.P.)

Dale al que te pida algo
y no le vuelvas la espalda
al que te solicite algo prestado. (S.L.)

해설

1. al que te pida: 너에게 구하는 자에게
   pida: pedir(구하다)의 접/현/3/단수
2. dale: 그에게 주라
   le = al que te pida
3. no se lo rehúses: 그에게 그것을 거절하지 마라
   se = le = al que quiere tomar de ti prestado

여호와여
진노로 일어나사
내 대적들의 노를 막으시며
나를 위하여 깨소서
주께서 심판을 명령하셨나이다 (시 7:6)

Levántate[1], oh Jehová, en tu ira;
álzate[2] en contra de la furia
de mis angustiadores,
Y despierta[3] en favor mío
el juicio que mandaste. (V.R.)

¡Levántate, Señor, con furor!
¡Haz frente a la furia de mis enemigos!
Tú, que has decretado hacer justicia,
¡ponte de mi parte! (V.P.)

Que mi enemigo me persiga
y me dé alcance,
que me pisotee
y me tire al suelo sin vida. (S.L.)

해설

1. levántate: 일어나소서
2. álzate: 막으소서
3. despierta: 깨우소서

06 DE JULIO 7월 6일

여호와 우리 주여
주의 이름이 온 땅에 어찌 그리 아름다운지요
주의 영광이 하늘을 덮었나이다 (시 8:1)

¡Oh Jehová, Señor nuestro,
Cuan glorioso es tu nombre en toda la tierra!
Has puesto[1] tu gloria sobre los cielos. (V.R.)

Señor, soberano nuestro,
¡tu nombre domina en toda la tierra!
¡tu gloria se extiende más allá del cielo! (V.P.)

¡Oh Señor, nuestro Dios,
qué glorioso es tu Nombre por la tierra!
Tu gloria por encima de los cielos. (S.L.)

해설

1. has puesto: poner(덮다)의 직/현재완료/2/단수

07 DE JULIO 7월 7일

어리석은 자는 그의 마음에 이르기를
하나님이 없다 하는도다
그들은 부패하고 그 행실이 가증하니
선을 행하는 자가 없도다 (시 14:1)

Dice el necio en su corazón:
No hay Dios.
Se han corrompido[1], hacen obras abominables;
No hay quien haga el bien. (V.R.) 

Los necios piensan
que no hay Dios:
todos se han pervertido; han hecho cosas horribles;
¡no hay nadie que haga lo bueno! (V.P.)

Dice en su corazón el insensato:
Se han corrompido,
cometen cosas infames,
ya no hay quien haga el bien. (S.L.)

해설

1. se han corrompido: corromperse(부패하다)의 직/현재완료/2/단수

하나님이여
내게 응답하시겠으므로
내가 불렀사오니
내게 귀를 기울여 내 말을 들으소서 (시 17:6)

Yo te he invocado[1],
por cuanto tú me oirás[2],
oh Dios;
Inclina[3] a mí tu odio, escucha[4] mi palabra. (V.R.)

Oh Dios,
a ti mi voz elevo,
porque tú me contestas;
préstame atención, escucha mis palabras. (V.P.)

Soy yo quien te llamo,
esperando tu respuesta,
oh Dios.
Inclina a mí tu oído, escucha mi ruego. (S.L.)

해설

1. he invocado: invocar의 직/현재완료/1/단수
2. oirás: oír(듣다)의 직/미/2/단수
3. inclina: (귀를) 기울이소서
4. escucha: 들으소서

여호와여
일어나 그를 대항하여 넘어뜨리시고
주의 칼로 악인에게서 나의 영혼을
구하소서 (시 17:13)

Levántate[1], oh Jehová;
Sal[2] a su encuentro, póstrales[3];
Libra[4]
mi alma de los malos con tu espada. (V.R.)

Levántate, Señor,
¡enfréntate con ellos!
¡Hazles doblar las rodillas!
Con tu espada, ponme a salvo del malvado. (V.P.)

Levántate, oh Señor,
hazle frente y derríbalo.
Que tu espada me salve
de los impíos. (S.L.)

해설

1. levántate: 일어나소사
2. sal: 나가소서
3. póstrales: 그들을 넘어뜨리소서
4. libra: 구하소서

여호와는 나의 반석이시요 나의 요새시요
나를 건지시는 이시요 나의 하나님이시요
내가 그 안에 피할 나의 바위시요
나의 방패시요 나의 구원의 뿔이시요
나의 산성이시로다 (시 18:2)

Jehová, roca mía y castillo mío, mi libertador;
Dios mío, fortaleza mía, en él confiaré[1];
Mi escudo, y la fuerza de mi salvación,
mi alto refugio. (V.R.)

Tu eres mi protector, mi lugar de refugio,
mi libertador, mi Dios,
la roca que me protege,
mi escudo, el poder que me salva,
mi más alto escondite. (V.P.)

El Señor es mi roca, mi fortaleza y mi libertador.
¡Oh mi Dios!
¡Roca en que me refugio,
mi escudo, mi fuerza y mi salvación! (S.L.)

해설

1. confiaré: confiar(믿다)의 직/미/1/단수

내가 여호와를 항상 내 앞에 모심이여
그가 나의 오른쪽에 계시므로
내가 흔들리지 아니하리로다 (시 16:8)

A Jehová he puesto[1] siempre delante de mí;
Porque está a mi diestra,
no seré conmovido[2]. (V.R.)

Siempre tengo presente al Señor;
con él a mi derecha,
nada me hará caer. (V.P.)

Pongo siempre al Señor ante mi vista;
porque a mi lado está,
jamás vacilo. (S.L.)

해설

1. he puesto: poner(놓다)의 직/현재완료/1/단수
2. no seré conmovido: 흔들리지 않을 것이다

12 DE JULIO 7월 12일

입을 지키는 자는
자기의 생명을 보전하나
입술을 크게 벌리는 자에게는
멸망이 오느니라 (잠 13:3)

El que guarda su boca[1]
guarda su alma;
Mas el que mucho abre sus labios[2]
tendrá[3] calamidad. (V.R.)

Cuidar las palabras
es cuidarse uno mismo;
el que habla mucho
se arruina solo. (V.P.)

El que vigila su boca
conserva su vida,
el que habla mucho
se pierde. (S.L.)

해설

1. el que guarda su boca: 입을 지키는 자
2. el que mucho abre sus labios: 입술을 크게 벌리는 자
3. tendrá: tener의 직/미/3/단수

너희가 사람의 잘못을 용서하면
너희 하늘 아버지께서도 너희 잘못을
용서하시려니와 (마 6:14)

Porque si perdonáis[1] a los hombres sus ofensas,
os perdonará[2] también a vosotros
vuestro Padre celestial[3]; (V.R.)

Porque si ustedes perdonan a otros
el mal que les han hecho,
su Padre que está en el cielo
los perdonará también a ustedes; (V.P.)

Queda bien claro que
si ustedes perdonan las ofensas de los hombres,
también el Padre celestial los perdonará. (S.L.)

해설

1. perdonáis: perdonar(용서하다)의 직/현/2/복수
2. perdonará: perdonar의 직/미/3/단수
3. Padre celestial: 하늘 아버지

14 DE JULIO 7월 14일

너희가 사람의 잘못을 용서하지 아니하면
너희 아버지께서도 너희 잘못을 용서하지
아니하시리라 (마 6:15)

mas si no perdonáis a los hombres sus ofensas[1],
tampoco vuestro Padre os perdonará
vuestras ofensas. (V.R.)

pero si no perdonan a otros,
tampoco su Padre les perdonará a ustedes
sus pecados. (V.P.)

En cambio,
si no perdonan las ofensas de los hombres,
tampoco el Padre los perdonará a ustedes. (S.L.)

해설

1. perdonar la ofensa: 잘못을 용서하다

비판을 받지 아니하려거든 비판하지 말라
너희가 비판하는 그 비판으로 너희가 비판을 받을 것이요
너희가 헤아리는 그 헤아림으로 너희가 헤아림을 받을 것이니라 (마 7:1-2)

No juzguéis[1], para que no seáis juzgados[2].
Porque con el juicio con que juzgáis[3], seréis juzgados[4],
y con la medida con que medís, os será medido. (V.R.)

No juzguen a otros para que Dios no los juzgue a ustedes.
Pues Dios los juzgará a ustedes
de la misma manera que ustedes juzguen a otros;
y con la misma medida con que ustedes midan,
Dios los medirá a ustedes. (V.P.)

No juzguen y no serán juzgados;
porque de la manera que juzguen serán juzgados
y con la medida con que midan los medirán a ustedes. (S.L.)

해설

1. no juzguéis: 너희들은 비판하지 마라
2. para que no seáis juzgados: 비판받지 않도록
3. juzgáis: juzgar(비판하다)의 직/현/2/복수
4. seréis juzgados: 너희들이 비판받을 것이다
   seréis: ser의 직/미/2/복수

16 DE JULIO 7월 16일

나더러 주여 주여 하는 자마다
다 천국에 들어갈 것이 아니요
다만 하늘에 계신 내 아버지의
뜻대로 행하는 자라야 들어가리라 (마 7:21)

No todo el que me dice:
Señor, Señor, entrará[1] en el reino de los cielos[2],
sino el que hace la voluntad de mi Padre
que está en los cielos. (V.R.)

No todos los que me dicen:
Señor, Señor, entrarán en el reino de Dios,
sino solamente los que hacen la voluntad
de mi Padre celestial. (V.P.)

No es el que me dice:
¡Señor!, ¡Señor!, el que entrará en el Reino de los Cielos,
sino el que hace la voluntad
de mi Padre del Cielo. (S.L.)

해설

1. entrará: entrar(들어가다)의 직/미/3/단수
2. entrará en el reino de los cielos: 천국에 들어갈 것이다

나보다 능력 많으신 이가
내 뒤에 오시나니
나는 굽혀 그의 신발끈을 풀기도
감당하지 못하겠노라 (막 1:7)

Viene tras mí
el que es más poderoso que yo[1],
a quien no soy digno de[2] desatar
encorvado la correa de su calzado. (V.R.)

Después de mí
viene uno más poderoso que yo,
que ni siquiera merezco agacharme
para desatarle la correa de sus sandalias. (V.P.)

Detrás de mí
viene otro mucho más grande que yo.
Me sentiría muy honrado
si se me permitiera arrodillarme
para desatar la correa de su calzado. (V.P.)

해설

1. el que es más poderoso que yo: 나보다 능력이 많으신 이
2. ser digno de: 감당하다

18 DE JULIO 7월 18일

나는 너희에게 물로 세례를 베풀거니와
그는 너희에게 성령으로 세례를 베푸시리라 (막 1:8)

Yo a la verdad os ha bautizado[1] con agua;
pero él os bautizará[2]
con Espíritu Santo[3]. (V.R.)

Yo los he bautizado a ustedes con agua;
pero él los bautizará
con el Espíritu Santo. (V.P.)

Pues yo los bauticé con agua,
pero él los bautizará
en el Espíritu Santo. (S.L.)

해설

1. ha bautizado: bautizar(세례하다)의 직/현재완료/3/단수
2. bautizará: bautizar의 직/미/3/단수
3. Espíritu Santo: 성령

갈릴리 해변으로 지나가시다가
시몬과 그 형제 안드레가
바다에 그물 던지는 것을 보시니
그들은 어부라 (막 1:16)

Andando[1] junto al mar de Galilea,
vio[2] a Simón y a Andrés su hermano,
que echaban[3] la red en el mar;
porque eran pescadores. (V.R.)

Jesús iba caminando por la orilla del lago de Galilea,
cuando vio a Simón y a su hermano Andrés.
Eran pescadores,
y estaban echando la red al agua. (V.P.)

Jesús caminaba por la orilla del lago de Galilea.
Ahí estaban Simón y su hermano Andrés,
echando sus redes en el mar,
porque eran pescadores. (S.L.)

해설

1. andando: 걸어가다가
2. vio: ver(보다)의 직/부정과거/3/단수
3. echaban: echar(던지다)의 직/불완료과거/3/복수

예수께서 이르시되
나를 따라오라
너희로 사람을 낚는 어부가 되게 하리라 하시니
곧 그물을 버려 두고 따르니라 (막 1:17-18)

Y les dijo Jesús:
Venid[1] en pos de mí,
y haré[2] que seáis[3] pescadores de hombres.
Y dejando luego sus redes, le siguieron[4]. (V.R.)

Les dijo Jesús:
—Sígame,
y yo haré que ustedes sean pescadores de hombres.
Al momento dejaron sus redes y se fueron con él. (V.P.)

Jesús los vio y dijo:
《Sígame, que yo los haré pescadores de hombres.》
Y con eso, dejaron sus redes y empezaron na seguirlo. (S.L.)

해설

1. venid: 너희들 오너라
2. haré: hacer(하다)의 직/미/1/단수
3. seáis: ser(되다)의 접/현/2/복수
   para que(하도록) 다음에 오는 동사는 접속법 동사를 사용함
4. siguieron: seguir(따르다)의 직/부정과거/3/복수

서로 대접하기를 원망 없이 하고
각각 은사를 받은 대로
하나님의 여러 가지 은혜를 맡은
선한 청지기 같이 서로 봉사하라 (벧전 4:9-10)

Hospedaos[1] los unos a los otros sin murmuraciones.
Cada uno según el don que ha recibido[2],
minístrelo[2] a los otros, como buenos administradores
de la multiforme gracia de Dios. (V.R.)

Recíbanse unos a otros en sus casas, sin murmurar de nadie.
Como buenos administradores de las variadas bendiciones de Dios,
cada uno de ustedes sirva a los demás
según los dones que haya recibido. (V.P.)

Sepan recibirse unos a otros en sus casas, sin quejarse.
Y, como cada uno ha recibido algún don espiritual,
úsenlo para el bien de los demás;
hagan fructificar las diferentes gracias
que Dios repartió entre ustedes. (S.L.)

해설

1. hospedaos: 너희들 서로 숙박시켜라. hospedarse의 vosotros의 긍정명령
2. minístrelo: ministrar(봉사하다)의 접/현/3/단수+lo

22 DE JULIO 7월 22일

만일 누가 말하려면 하나님의 말씀을 하는 것 같이 하고
누가 봉사하려면 하나님이 공급하시는 힘으로 하는 것 같이 하라
이는 범사에 예수 그리스도로 말미암아
하나님이 영광을 받으시게 하려 함이니
그에게 영광과 권능이 세세에 무궁하도록 있느니라 아멘 (벧전 4:11)

Si alguno habla, hable[1] conforme a las palabras de Dios;
si alguno ministra, ministre[2] conforme al poder que Dios da,
para que en todo sea Dios glorificado[3] por Jesucristo,
a quien pertenecen[4] la gloria y el imperio
por los siglos de los siglos. Amén. (V.R.)

Cuando alguien hable, sean sus palabras como palabras de Dios.
Cuando alguien preste algún servicio,
préstelo con las fuerzas que Dios le da.
Todo lo que hagan,
háganlo para que Dios sea alabado por medio de Jesucristo,
a quien pertenece la gloria y el poder para siempre. Así sea. (V.P.)

해설

1. hable: 말하시오
2. ministre: 봉사하시오
3. ser glorificado: 영광을 받다
4. pertenecen: pertenecer(속하다)의 직/현/3/복수

예수께서 길에 나가실새
한 사람이 달려와서 꿇어앉아 묻자오되
선한 선생님이여
내가 무엇을 하여야 영생을 얻으리이까 (막 10:17)

Al salir él para seguir su camino,
vino uno corriendo[1],
e hincando la rodilla[2] delante de él, le preguntó:
Maestro bueno,
¿qué haré[3] para heredar la vida eterna[4]? (V.R.)

Cuando Jesús iba a seguir su viaje,
llegó un hombre corriendo,
se puso de rodillas delante de él y le preguntó:
—Maestro bueno,
¿qué debo hacer para alcanzar la vida eterna? (V.P,)

해설

1. vino corriendo: 달려 왔다
2. hincando la rodilla: 무릎을 꿇고
3. haré: hacer(하다)의 직/미/1/단수
   hacer 동사의 직설법 미래는 불규칙으로 haré, harás, hará, haremos, haréis, harán
4. heredar la vida eterna: 영생을 얻다

예수께서 이르시되
네가 어찌하여 나를 선하다 일컫느냐
하나님 한 분 외에는 선한 이가 없느니라 (막 10:18)

Jesús le dijo:
¿Por qué me llamas bueno?
Ninguno hay bueno[1], sino sólo uno, Dios. (V.R.)

Jesús le contestó:
—¿Por qué me llamas bueno?
Bueno solamente hay uno: Dios. (V.P.)

Jesús le respondió:
《¿Por qué me llamas bueno?
Uno solo es bueno, y ése es Dios.》 (S.L.)

해설

1. Ninguno hay bueno: 아무도 선한 사람이 없다
부정어 ninguno가 동사 앞에 있으므로 강조.

네가 계명을 아나니
살인하지 말라, 간음하지 말라,
도둑질하지 말라, 거짓 증언하지 말라,
속여 빼앗지 말라, 네 부모를 공경하라 하였느니라 (막 10:19)

Los mandamientos sabes:
No adulteres. No mates.
No hurtes. No digas falso testimonio.
No defraudes. Honra[1] a tu padre y a tu madre. (V.R.) 

Ya sabes los mandamientos:
No mates, no cometas adulterio,
no robes, no digas mentiras
en perjuicio de nadie ni engañes;
honra a tu padre y a tu madre. (V.P.)

Ya conoces los mandamientos:
No mates, no cometas adulterio,
no robes, ni digas cosas falsas de tu hermano,
no seas injusto, honra a tu padre y a tu madre. (S.L.)

해설

1. honra: honrar(공경하다)의 직/현/3/단수 tú의 긍정 명령

26 DE JULIO 7월 26일

새 옷에서 한 조각을 찢어 낡은 옷에 붙이는 자가 없나니
만일 그렇게 하면 새 옷을 찢을 뿐이요
또 새 옷에서 찢은 조각이 낡은 것에 어울리지 아니하리라 (눅 5:36)

Nadie corta[1] un pedazo de un vestido nuevo
y lo pone[2] en un vestido viejo;
pues si lo haces, no solamente rompe[3] el nuevo,
sino que el remiendo sacado de él no armoniza[4] con el viejo. (V.R.)

Nadie corta un pedazo de un vestido nuevo
para remendar un vestido viejo.
Si lo hace así, echa a perder el vestido nuevo;
además, el pedazo nuevo no quedará bien
con el vestido viejo. (V.P.)

Nadie saca un pedazo de un vestido nuevo
para remendar uno viejo.
Porque de ese modo el nuevo queda roto
y el pedazo nuevo no le vendrá al vestido viejo. (S.L.)

해설

1. corta: cortar(자르다)의 직/현/3/단수
2. pone: poner(놓다)의 직/현/3/단수
3. rompe: romper(찢다)의 직/현/3/단수
4. armoniza: armonizar(어울리다)의 직/현/3/단수

새 포도주를 낡은 가죽 부대에 넣는 자가 없나니
만일 그렇게 하면
새 포도주가 부대를 터뜨려
포도주가 쏟아지고 부대도 못쓰게 되리라 (눅 5:37)

Y nadie echa[1] vino nuevo en odres viejos;
de otra manera,
el vino nuevo romperá[2] los odres
y se derramará[3], y los odres se perderán[4]. (V.R.)

Ni tampoco se echa vino nuevo
en cueros viejos,
porque el vino nuevo hace que se revienten los cueros,
y tanto el vino como los cueros se pierden. (V.P.)

Nadie echa tampoco vino nuevo
en vasijas viejas;
porque, de lo contrario, el vino nuevo romperá las vasijas,
y así se derramará el vino y se perderán las vasijas. (S.L.)

해설

1. echa: echar(넣다)의 직/현/3/단수
2. romperá: romper(찢다)의 직/미/3/단수
3. se derramará: derramarse(쏟아지다)의 직/미/3/단수
4. se perderán: perderse(잃어버리다)의 직/미/3/복수

새 포도주는 새 부대에 넣어야 할 것이니라
묵은 포도주를 마시고
새 것을 원하는 자가 없나니
이는 묵은 것이 좋다 함이니라 (눅 5:38-39)

Mas el vino nuevo en odres nuevos se ha de echar[1];
y lo uno y lo otro se conservan[2].
Y ninguno que beba[3] del añejo, quiere luego el nuevo;
porque dice: El añejo es mejor. (V.R.)

Por eso hay que echar el vino nuevo en cueros nuevos.
Y nadie que toma el vino añejo
quiere después el nuevo,
porque dice: El añejo es más sabroso.

El vino nuevo, hay que ponerlo en vasijas nuevas.
Y nadie, después de haber bebido vino añejo,
quiere del nuevo,
porque dice: Es mejor el añejo. (S.L.)

해설

1. se ha de echar: 넣어야 할 것이다
2. se conservan: conservarse(보존되다)의 직/현/3/복수
3. beba: beber(마시다)의 접/현/3/단수

너의 이 뺨을 치는 자에게
저 뺨도 돌려대며
네 겉옷을 빼앗은 자에게
속옷도 거절하지 말라 (눅 6:29)

Al que te hiera[1] en una mejilla,
preséntale[2] también la otra;
y al que te quite[3] la capa,
ni aun la túnica le niegues[4]. (V.R.)

Si alguien te pega en una mejilla,
ofrécele también la otra;
y si alguien te quita la capa,
déjale que se lleve también tu camisa. (V.P.)

Al que te golpea en una mejilla,
preséntale la otra.
Al que te arrebata el manto,
entrégale también el vestido. (S.L.)

해설

1. hiera: herir(때리다)의 접/현/3/단수
2. preséntale: 그에게 제시해라
   preseta(presentar의 tú의 긍정명령)+le
3. quite: quitar(벗기다)의 접/현/3/단수
4. niegues: negar(거절하다)의 접/현/2/단수

30 DE JULIO 7월 30일

지혜 있는 자의 혀는
지식을 선히 베풀고
미련한 자의 입은
미련한 것을 쏟느니라 (잠 15:2)

La lengua de los sabios
adornará[1] la sabiduría;
Mas la boca de los necios
hablará[2] sandeces. (V.R.)

De la lengua de los sabios
brota sabiduría;
de la boca de los necios,
necedades. (R.P.)

La lengua de los sabios
expresa bien la ciencia,
la boca de los tontos
derrama locuras. (S.L.)

해설

1. adornará: adornar(장식하다)의 직/미/3/단수
2. hablará: hablar(말하다)의 직/미/3/단수

나는 너희에게 이르노니
너희 원수를 사랑하며
너희를 박해하는 자를 위해 기도하라 (마 5:44)

Pero yo os digo:
Amad[1] a vuestros enemigos,
bencecid[2] a los que os maldicen[3],
haced[4] bien a los que os aborrecen[5],
y orad[6] por los que os ultrajan[7] y os persiguen[8]. (V.R.)

Pero yo les digo:
amen a sus amigos
y oren por quienes los persiguen. (V.P.)

Pero yo les digo:
Amen a sus enemigos
y recen por sus perseguidores. (S.L.)

해설

1. amad: 너희들은 사랑해라
2. bendecid: 너희들은 축복해라
3. maldicen: maldecir(저주하다)의 직/현/3/복수
4. haced: 너희들은 행하라
5. aborrecen: aborrecer의 직/현/3/복수
6. orad: 너희들은 기도해라
7. ultrajan: ultrajar의 직/현/3/복수
8. persiguen: perseguir(뒤를 쫓다)의 직/현/3/복수

01 DE AGOSTO 8월 1일

어리석은 자는
어리석음으로 기업을 삼아도
슬기로운 자는
지식으로 면류관을 삼느니라 (잠 14:18)

Los simples
heredarán[1] necedad;
Mas los prudentes
se coronarán[2] de sabiduría. (V.R.)

Los imprudentes
son herederos de la necedad;
los prudentes
se rodean de conocimientos. (V.P.)

La herencia de los simples
es la insensatez,
los prudentes
hacen de la ciencia su corona. (S.L.)

해설

1. heredarán: heredar(기업으로 삼다)의 직/미/3/복수
2. se coronarán: coronarse(면류관으로 삼다)의 직/미/3/복수

02 DE AGOSTO 8월 2일

사람이 마음으로 믿어
의에 이르고
입으로 시인하여
구원에 이르느니라 (롬 10:10)

Porque con el corazón se cree[1]
para justicia,
pero con la boca
se confiesa[2] para salvación. (V.R.)

Pues con el corazón se cree
para quedar libre de culpa,
y con la boca se reconoce a Jesucristo
para alcanzar la salvación. (V.P.)

Al que cree de corazón,
Dios lo recibe;
y el que proclama con los labios,
se salva. (S.L.)

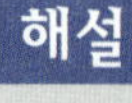

해설

1. se cree: 사람이 믿다. se는 일반 사람
2. se confiesa: 사람이 자백하다. se 일반 사람

03 DE AGOSTO 8월 3일

네게 구하는 자에게 주며
네 것을 가져가는 자에게 다시 달라 하지 말며
남에게 대접을 받고자 하는 대로 너희도 남을 대접하라 (눅 6:30-31)

A cualquiera que te pida[1], dale[2];
y al que tome[3] lo que es tuyo, no pidas[4] que te lo devuelva[5].
Y como queréis que hagan[6] los hombres con vosotros,
así también haced vosotros con ellos. (V.R.)

A cualquiera que te pida algo, dáselo,
y al que te quite lo que es tuyo, no se lo reclames.
Hagan ustedes con los demás
como quieren que los demás hagan con ustedes. (V.P.)

Da al que te pide,
y al que te quita lo tuyo, no se lo reclames.
Traten a los demás
como quieren que ellos les traten a ustedes. (S.L.)

해설

1. pida: pedir(요구하다)의 접/현/3/단수
2. dale: 그에게 주라
3. tome: tomar(가져가다)의 접/현/3/단수
4. no pidas: 요구하지 마라
5. devuelva: devolver(돌려주다)의 접/현/3/단수
6. hagan: hacer(하다)의 접/현/3/복수

가난한 자는 그의 형제들에게도 미움을 받거든
하물며 친구야 그를 멀리 하지 아니하겠느냐
따라가며 말하려 할지라도
그들이 없어졌으리라 (잠 19: 7)

Todos los hermanos del pobre le aborrecen[1];
¡Cuánto más sus amigos se alejarán de[2] él!
Buscará[3] la palabra,
y no la hallará[4]. (V.R.)

Si al pobre hasta sus hermanos lo desprecian,
Con mayor razón sus amigos se alejarán de él.
(Añade cuatro palabras de sentido oscuro) (V.P)

Todos los hermanos del pobre lo odian,
con mayor razón lo abandonan sus amigos.
Busca quien le hable,
pero no lo halla. (S.L.)

해설

1. aborrecen: aborrecer(싫어하다)의 직/현/3/복수
2. alejarse de: (…을) 멀리하다
3. buscará: buscar(찾다)의 직/미/3/단수
4. hallará: hallar(발견하다)의 직/미/3/단수

누구든지 사람 앞에서 나를 시인하면
나도 하늘에 계신 내 아버지 앞에서
그를 시인할 것이요 (마 10:32)

A cualquiera, pues, que me confiese[1]
delante de los hombres,
yo también le confesaré[2]
delante de mi Padre
que está en los cielos. (V.R.)

Si alguien se declara a mi favor
delante de los hombres,
yo también me declararé a favor de él
delante de mi Padre
que está en el cielo. (V.P.)

Al que me reconozca
delante de los hombres,
yo lo reconoceré
delante de mi Padre
que está en los Cielos. (S.L.)

해설

1. confiese: confesar(시인하다)의 접/현/3/단수
2. confesaré: confesar의 직/미/1/단수

누구든지 사람 앞에서 나를 부인하면
나도 하늘에 계신 내 아버지 앞에서
그를 부인하리라 (마 10:33)

Y cualquiera que me niegue[1]
delante de los hombres,
yo también le negaré[2]
delante de mi Padre
que está en los cielos. (V.R.)

Pero al que me niegue
delante de los hombres,
yo también lo negaré
delante de mi Padre
que está en el cielo. (V.P.)

Y al que me niegue
delante de los hombres,
yo también lo negaré
delante de mi Padre
que está en los Cielos. (S.L.)

해설

1. niegue: negar(부인하다)의 접/현/3/단수
2. negaré: negar의 직/미/1/단수

07 DE AGOSTO 8월 7일

예수께서 둘러보시고
제자들에게 이르시되
재물이 있는 자는 하나님의 나라에 들어가기가
심히 어렵도다 하시니 (막 10:23)

Entonces Jesús, mirando[1] alrededor,
dijo a sus discípulos:
¡Cuán difícilmente entrarán[2] en el reino de Dios
los que tienen riquezas[3]! (V.R.)

Jesús miró entonces alrededor,
y dijo a sus discípulos:
—¡Qué difícil va a ser para los ricos
entrar en el reino de Dios! (V.P.)

Entonces Jesús, mirando alrededor de él,
dijo a sus discípulos:
《¡Qué difícilmente entrarán en el Reino de Dios
los que tienen las riquezas!》 (S.L.)

해설

1. mirando: mirar(바라보다)의 현재분사
2. entrarán: entrar(들어가다)의 직/미/3/복수
3. los que tienen riquezas: 재물을 가진 자들

**제자들이 그 말씀에 놀라는지라
예수께서 다시 대답하여 이르시되
얘들아
하나님의 나라에 들어가기가 얼마나 어려운지 (막 10:24)**

Los discípulos se asombraron[1] de sus palabras;
pero Jesús, respondiendo, volvió a[2] decirles:
Hijos,
¡cuán difícil les es entrar en el reino de Dios,
a los que confían[3] en las riquezas! (V.R.)

Estas palabras dejaron asombrados a los discípulos,
pero Jesús les volvió a decir:
—Hijos,
¡qué difícil es entrar en el reino de Dios! (V.P.)

Los discípulos se sorprendieron al oír estas palabras.
Pero Jesús insistió:
《Hijos míos, ¡qué difícil es entrar en el Reino de Dios!》(S.L.)

해설

1. se asombraron: asombrarse(놀라다)의 직/부정과거/3/복수
2. volver a+ '동사원형': 다시 …하다
   volvió a decirles 그들에게 다시 말했다
3. confían: confiar(믿다)의 직/현/3/단수

낙타가 바늘귀로 나가는 것이
부자가 하나님의 나라에 들어가는 것보다
쉬우니라 하시니 (막 10:25)

Más fácil es
pasar un camello por el ojo de una aguja,
que[1] entrar un rico en el reino de Dios. (V.R.)

Es más fácil
para un camello pasar por el ojo de una aguja,
que para un rico entrar en el reino de Dios. (V.P.)

Es más fácil
para un camello pasar por el ojo de la aguja,
que para un rico entrar en el Reino de Dios! (S.L.)

1. más … que A: A보다 더 …
원래 문장은 Pasar … una aguja es más fácil que entrar … 낙타가 바늘구멍을 통과하기가 부자가 천국에 들어가는 것보다 더 쉽다

제자들이 매우 놀라
서로 말하되
그런즉 누가 구원을 얻을 수 있는가 하니 (막 10: 26)

Ellos se asombraron[1] aun más,
diciendo entre sí[2]:
¿Quién, pues, podrá[3] ser salvo? (V.R.)

Al oírlo,
se asombraron más aún,
y se preguntaban unos a otros:
—¿Y quién podrá salvarse? (V.P.)

Ellos se asombraron más todavía
y comentaban:
《Entonces, ¿quién puede salvarse?》(S.L.)

해설

1. se asombraron: asombrarse(놀라다)의 직/부정과거/3/복수
2. decir entre sí: 서로 말하다
3. podrá: poder(할 수 있다)의 직/미/3/단수

11 DE AGOSTO 8월 11일

예수께서 그들을 보시며 이르시되
사람으로는 할 수 없으되
하나님으로는 그렇지 아니하니
하나님으로서는 다 하실 수 있느니라 (막 10:27)

Entonces Jesús, mirándoles[1], dijo:
Para los hombres es imposible,
mas para Dios, no;
porque todas las cosas son posibles para Dios[2]. (V.R.)

Jesús los miró y les contestó:
—Para los hombres es imposible,
pero no para Dios,
porque para él no hay nada imposible. (V.P.)

Jesús los miró fijamente y les dijo:
《Para los hombres es imposible,
pero no para Dios,
porque para Dios todo es posible.》(S.L.)

해설

1. mirándoles: 그들을 바라보시면서
   mirando+les
2. todas las cosas son posibles para Dios
   모든 것이 하나님에게는 가능하다

12 DE AGOSTO 8월 12일

여호와여
내가 전심으로 부르짖었사오니
내게 응답하소서
내가 주의 교훈을 지키리이다 (시 119:145)

Clamé[1] con todo mi corazón;
respóndeme[2],
Jehová,
Y guardaré[3] tus estatutos. (V.R.)

Señor,
te llamo con todo el corazón;
¡respóndeme,
pues quiero cumplir tus leyes! (V.P.)

Estoy clamando de todo corazón:
Escúchame,
Señor,
yo guardaré tus prescripciones. (S.L.)

해설

1. clamé: clamar(부르짖다)의 직/부정과거/1/단수
2. respóndeme: 나에게 응답하소서
   responde + me
3. guardaré: guardar(지키다)의 직/미/1/단수

13 DE AGOSTO 8월 13일

오호라 너희 모든 목마른 자들아 물로 나아오라
돈 없는 자도 오라
너희는 와서 사먹되
돈 없이, 값없이 와서 포도주와 젖을 사라 (사 55:1)

A todos los sedientos: Venid[1] a las aguas;
y los que no tienen dinero, venid[1],
comprad[2] y comed[3].
Venid[1], comprad[2] sin dinero y sin precio, vino y leche. (V.R.)

Todos los que tengan sed, vengan a beber agua;
los que no tengan de balde y coman;
consigan vino y leche sin pagar nada. (V.P.)

A ver ustedes, que andan con sed, ¡vengan a tomar agua!
No importa que estén sin plata, vengan no más.
Pidan trigo para el consumo,
y también vino y leche, sin pagar. (S.P.)

해설

1. venid: 너희들 오너라
2. comprad: 너희들 사거라
3. comed: 너희들 먹어라

vosotros의 긍정명령은 예외 없이 동사원형에서 마지막의 -r를 떼고 -d를 붙인다

악인은 그의 길을, 불의한 자는 그의 생각을 버리고
여호와께로 돌아오라
그리하면 그가 긍휼히 여기시리라
우리 하나님께로 돌아오라 그가 너그럽게 용서하시리라 (사 55:7)

Deje el impío su camino, y el hombre inicuo sus pensamientos,
y vuélvase[1] a Jehová,
el cual tendrá[2] de él misericordia,
y al Dios nuestro, el cual será amplio en perdonar. (V.R.)

Que el malvado deje su camino, que el perverso deje sus ideas;
vuélvanse al Señor,
y él tendrá compasión de ustedes;
vuélvanse a nuestro Dios, que es generoso para perdonar. (V.P.)

Que el malvado deje s u mala conducta
y el criminal s us proyectos.
Vuélvese a Yavé,
que tendrá piedad de él,
a nuestro Dios, que está siempre dispuesto a perdonar. (S.P.)

해설

1. vuélvase: volverse(돌아오다)의 긍정명령
2. tendrá: tener(가지다)의 직/미/3/단수

15 DE AGOSTO 8월 15일

사람의 행위가
여호와를 기쁘시게 하면
그 사람의 원수라도
그와 더불어 화목하게 하시느니라 (잠 16:7)

Cuando los caminos del hombre
son agradables a Jehová,
Aun a sus enemigos hace estar
en paz[1] con él. (V.R.)

Cuando al Señor le agrada
la conducta de un hombre,
hasta a sus enemigos los pone
en paz con él. (V.P.)

Cuando Yavé se complace
en la conducta de un hombre,
reconcilia con él
hasta a sus enemigos. (S.L.)

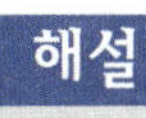

해설

1. hace estar en paz: 화목하게 하다
hacer + '동사원형' …하게 하다

16 DE AGOSTO 8월 16일

사람이 마음으로
자기의 길을 계획할지라도
그의 걸음을 인도하시는 이는
여호와시니라 (잠 16:9)

El corazón del hombre
piensa[1] su camino:
Mas Jehová endereza[2] sus pasos. (V.R.)

Al hombre le toca
hacer planes,
y al Señor dirigir sus pasos. (V.R.)

El corazón del hombre
busca su camino,
pero Yavé es quien afianza s us pasos. (S.L.)

해설

1. piensa: pensar(계획하다)의 직/현/3/단수
2. endereza: enderezar(인도하다)의 직/현/3/단수

17 DE AGOSTO 8월 17일

누구든지 너희가 그리스도에게 속한 자라 하여
물 한 그릇이라도 주면
내가 진실로 너희에게 이르노니
그가 결코 상을 잃지 않으리라 (막 9:41)

Y cualquiera que os diere[1]
un vaso de agua en mi nombre, porque sois de Cristo,
de cierto os digo
que no perderá[2] su recompensa. (V.R.)

Cualquiera que les dé a ustedes
aunque sólo sea un vaso de agua por ser ustedes de Cristo,
les aseguro
que tendrá su premio. (V.P.)

Y cualquiera que les dé de beber
un vaso de agua por ser discípulos de Cristo,
les aseguro
que no quedará sin recompensa. (S.L.)

해설

1. diere: dar(주다) 동사의 접/미/3/단수
   접속법 현재 dé 대신에 고어에서 사용함
2. perderá: perder(잃다)의 직/미/3/단수

18 DE AGOSTO 8월 18일

또 누구든지 나를 믿는 이 작은 자들 중
하나라도 실족하게 하면
차라리 연자맷돌이 그 목에 매여
바다에 던져지는 것이 나으리라 (막 9:42)

Cualquiera que haga tropezar[1]
a uno de estos pequeñitos que creen en mí,
mejor le fuera[2] si se le atase[3] una piedra de molino al cuello,
y se le arrojase en el mar. (V.R.)

A cualquiera que haga caer en pecado
a uno de estos pequeños que creen en mí,
mejor le sería que lo echaran al mar
con una gran piedra de molino atada al cuello. (V.P.)

Si alguno hace tropezar y caer
a uno de estos pequeños que creen en mí,
mejor sería para él
que le ataran al cuello una gran piedra de moler
y lo echaran al mar. (S.L.)

해설

1. hacer tropezar: 실족하게 하다
2. fuera: ser의 접/과거/3/단수
3. atase: atar(묶다)의 접/과거/3/단수

19 DE AGOSTO 8월 19일

만일 네 손이 너를 범죄하게 하거든 찍어버리라
장애인으로 영생에 들어가는 것이
두 손을 가지고 지옥 곧 꺼지지 않는 불에
들어가는 것보다 나으니라 (막 9:43)

Si tu mano te fuere[1] ocasión de caer, córtala[2];
mejor te es entrar en la vida manco,
que teniendo dos manos ir al infierno,
al fuego que no puede ser apagado. (V.R.)

Si tu mano te hace caer en pecado, córtatela;
es mejor que entres manco en la vida,
y no que con las dos manos
no se puede apagar. (V.P.)

Y si tu mano es para ti ocasión de pecado, córtatela.
Pues es mejor para ti que entres
con una sola mano en la Vida,
que no con las dos ir a la gehenna,
al fuego que no se apaga. (S.L.)

해설

1. fuere: ser의 접/미래/3/단수
2. córtala: corta(잘라라)+la (tu mano)

20 DE AGOSTO 8월 20일

연락을 좋아하는 자는
가난하게 되고
술과 기름을 좋아하는 자는
부하게 되지 못하느니라 (잠21:17)

Hombre necesitado[1]
será el que[2] ama el deleite,
Y el que[2] ama el vino y los ungüentos
no se enriquecerá[3]. (V.R.)

El que se entrega
al placer, el vino y los perfumes,
terminará
en la pobreza. (V.P.)

El que ama el placer
estará en la miseria,
no se enriquecerá
quien ama vino y perfumes. (S.L.)

해설

1. hombre necesitado: 가난한 자
2. el que: …하는 자 (관계대명사)
3. se enriquecerá: enriquecerse(부자가 되다)의 직/미/3/단수

21 DE AGOSTO 8월 21일

하늘에 계신 우리 아버지여
이름이 거룩히 여김을 받으시오며
나라가 임하시오며 뜻이 하늘에서
이루어진 것 같이 땅에서도 이루어지이다 (마 6:9-10)

Padre nuestro que estás en los cielos,
Santificado sea tu nombre.
Venga[1] tu reino.
Hágase[2] tu voluntad, como en el cielo, así también en la tierra. (V.R.)

Padre nuestro que estás en el cielo
santificado sea tu nombre.
Venga tu reino.
Hágase tu voluntad en la tierra, así como se hace en el cielo. (V.P.)

Padre Nuestro, Padre de los Cielos,
santificado sea tu Nombre.
venga tu Reino,
Hágase tu voluntad en la tierra
como en el Cielo. (S.L.)

해설

1. venga: venir(오다, 임하다)의 접/현/3/단수 (명령)
2. hágase: hacerse(이루어지다)의 접/현/3/단수 (명령)

오늘 우리가 일용할 양식을 주시옵고
우리가 우리에게 죄 지은 자를 사하여 준 것 같이
우리 죄를 사하여 주시옵고 (마 6:11-12)

El pan nuestro de cada día,
dánoslo[1] hoy.
Y perdónanos[2] nuestras deudas,
como también nosotros perdonamos
a nuestros deudores. (V.R.)

Danos hoy el pan que necesitamos.
Perdónanos el mal que hemos hecho,
así como nosotros hemos perdonado
a los que nos han hecho mal. (V.P.)

Danos hoy el pan de este día
y perdona nuestras deudas,
como nosotros perdonamos
a nuestros deudores, (S.L.)

해설

1. dánoslo: 우리에게 그것을 주소서
   da+nos+lo(일용한 양식 pan nuestro de cada día)
2. perdónanos: 우리를 용서하소서

23 DE AGOSTO 8월 23일

우리를 시험에 들게 하지 마옵시고
다만 악에서 구하시옵소서
(나라와 권세와 영광이 아버지께
영원히 있사옵나이다 아멘) (마 6:13)

Y no nos metas[1] en tentación,
mas líbranos[2] del mal;
porque tuyo es el reino, y el poder,
y la gloria, por todos los siglos. Amén. (V.R.)

No nos expongas a la tentación,
sino líbranos del maligno. (V.P.)

y no nos dejes caer en la prueba,
sino que líbranos del Malo. (S.L.)

참고 "나라와 권세와 영광이 아버지께 영원히 있사옵나이다 아멘"
부분은 Versión Popular 판과 La Biblia Latinoamericana 판에는 없음))

해설

1. no nos metas: 우리를 넣지 마소서
   metas: meter(넣다)의 접/현/2/단수
2. líbranos: 우리를 해방시키소서
   libra(libar의 직/현/3/단수)+nos

무화과나무의 비유를 배우라
그 가지가 연하여지고
잎사귀를 내면
여름이 가까운 줄 아나니 (막 13:28)

De la higuera aprended[1] la parábola:
Cuando ya su rama está tierna,
y brotan[2] las hojas,
sabéis que el verano está cerca. (V.R.)

Aprendan esta enseñanza de la higuera:
Cuando sus ramas se ponen tiernas,
y brotan sus hojas,
se dan cuenta ustedes de
que ya el verano está cerca. (V.P.)

Aprendan este ejemplo de la higuera:
cuando sus ramas están tiernas
y le brotan las hojas,
saben que el verano está cerca. (S.L.)

해설

1. aprended: 너희들은 배워라
2. brotan: brotar(싹트다)의 직/현/3/복수

이와 같이
너희가 이런 일이 일어나는 것을 보거든
인자가 가까이 곧 문 앞에 이른 줄 알라 (막 13:29)

Así también vosotros,
cuando veáis[1] que suceden[2] estas cosas,
conoced[3] que está cerca,
a las puertas. (V.R.)

De la misma manera,
cuando vean que suceden estas cosas,
sepan que el Hijo del hombre ya está
a la puerta. (V.P.)

Así también ustedes,
cuando vean todo esto,
comprendan que ya está cerca,
a las puertas. (S.L.)

해설

1. veáis: ver(보다)의 접/현/2/복수
2. suceden: suceder(일어나다)의 직/현/3/단수
3. conoced: 너희들은 알아라

내가 진실로 너희에게 말하노니
이 세대가 지나가기 전에 이 일이 다 일어나리라
천지는 없어지겠으나
내 말은 없어지지 아니하리라 (막 13:30-31)

De cierto os digo,
que no pasará[1] esta generación hasta que todo esto acontezca[2].
El cielo y la tierra pasarán[3],
pero mis palabras no pasarán. (V.R.)

Les aseguro
que todo esto sucederá antes que muera la gente de este tiempo.
El cielo y la tierra dejarán de existir,
pero mis palabras no dejarán de cumplirse. (V.P.)

Les aseguro
que no pasará esta generación sin que todo esto suceda.
Pasarán el cielo y la tierra,
pero mis palabras no pasarán. (S.L.)

해설

1. pasará: pasar(지나가다)의 직/미/3/단수
2. acontezca: acontecer(일어나다)의 접/현/3/단수
3. pasarán: pasar의 직/미/3/복수

그러나 그 날과 그 때는 아무도 모르나니
하늘에 있는 천사들도, 아들도 모르고 아버지만 아시느니라.
주의하라 깨어 있으라
그 때가 언제인지 알지 못함이라 (막 13:32-33)

Pero de aquel día y de la hora nadie sabe,
ni aun los ángeles que están en el cielo, ni el Hijo, sino el Padre.
Mirad[1], velad[2] y orad[3];
porque no sabéis cuándo será el tiempo. (V.R.)

Pero en cuanto al día y la hora,
nadie lo sabe, ni aun los ángeles del cielo, ni el Hijo.
Solamente lo sabe el Padre.
Por lo tanto, manténganse ustedes despiertos y vigilantes,
porque no saben cuándo llegará el momento. (V.P.)

Pero, en cuanto se refiere a este Día o a esta Hora,
no lo sabe nadie, ni los ángeles en el Cielo, ni el Hijo,
sino sólo el Padre.
Estén preparados y vigilando, ya que no saben cuándo será el día. (S.L)

해설

1. mirad: 너희들은 보아라
2. velad: 너희들은 철야해라
3. orad: 너희들은 기도해라

거만한 자를 책망하지 말라
그가 너를 미워할까 두려우니라
지혜 있는 자를 책망하라
그가 너를 사랑하리라 (잠 9:8)

No reprendas[1] al escarnecedor,
para que no te aborrezca[2];
Corrige[3] al sabio,
y te amará[4]. (V.R.)

Reprende al insolente
y te ganarás su odio;
corrige al sabio
y te ganarás su aprecio. (V.P.)

No reprendas al burlón,
te tomará mala voluntad;
reprende al sabio
y te amará. (S.L.)

해설

1. no reprendas: 책망하지 마라
2. aborrezca: aborrecer(미워하다)의 접/현/3/단수
3. corrige: corregir(책망하다)의 tú의 긍정명령
4. amará: amar(사랑하다)의 직/미/3/단수

노하기를 속히 하는 자는
어리석은 일을 행하고
악한 계교를 꾀하는 자는
미움을 받느니라 (잠 14:17)

El que fácilmente se enoja[1]
hará[2] locuras;
Y el hombre perverso
será aborrecido[3]. (V.R.)

El que es impulsivo
actúa sin pensar;
el que se reflexivo
mantiene la calma. (V.P.)

El que dice la verdad
descubre lo que es justo,
y el testigo mentiroso,
lo que es falso. (S.L.)

해설

1. se enoja: enojarse(노하다)의 직/현/3/단수
2. hará: hacer(하다)의 직/미/3/단수
3. será aborrecido: 미움을 받다

형제들아 서로 비방하지 말라
형제를 비방하는 자나 형제를 판단하는 자는
곧 율법을 비방하고 율법을 판단하는 것이라
네가 만일 율법을 판단하면
율법의 준행자가 아니요 재판관이로다 (약 4:11)

Hermanos, no murmuréis[1] los unos de los otros.
El que murmura del hermano y juzga a su hermano,
murmura de la ley y juzga a la ley;
pero si tú juzgas a la ley, no eres hacedor de la ley, sino juez. (V.R.)

Hermanos, no hablen mal unos de otros.
El que habla mal de su hermano,
o lo juzga, habla mal de la ley y la juzga.
Y si juzgas a la ley, te haces juez de ella en vez de obedecerla. (V.P.)

Hermanos, no se critiquen unos a otros.
El que habla en contra de un hermano o juzga mal de él,
habla en contra de la Ley y juzga en contra de ella.
Y si tú juegas a la Ley,
ya no la cumples, sino que te haces superior a ella. (S.L.)

해설

1. no murmuréis: 너희들은 비방하지 마라. murmurar의 vosotros의 긍정명령

31 DE AGOSTO 8월 31일

돈을 사랑함이 일만 악의 뿌리가 되나니
이것을 탐내는 자들은 미혹을 받아 믿음에서 떠나
많은 근심으로써 자기를 찔렀도다 (딤전 6:10)

Porque raíz de todos los males es el amor al dinero[1],
el cual codiciando[2] algunos, se extraviaron[3] de la fe,
y fueron traspasados de muchos dolores. (V.R.)

Porque el amor al dinero es raíz de toda clase de males;
y hay quienes, por codicia, se han desviado de la fe
y han llenados de sufrimiento sus propias vidas. (V.P.)

Está comprobado
que la raíz de todos los males es el amor al dinero.
Por entregarse a él,
algunos se han extraviado lejos de la fe
y se han torturado a sí mismos
con un sinnúmero de tormentos. (S.L.)

해설

1. raíz de todos los males es el amor al dinero: 모든 악의 기원은 돈을 사랑하는 것이다
2. codiciando: codiciar(탐하다)의 현재분사
3. se extraviaron: extraviarse의 직/부정과거/3/복수

01 DE SEPTIEMBRE 9월 1일

지혜를 얻는 자는
자기의 영혼을 사랑하고
명철을 지키는 자는
복을 얻느니라 (잠 19:8)

El que posee[1] entendimiento
ama su alma,
El que guarda[2] la inteligencia
hallará[3] el bien. (V.R.)

El que aprende y pone
en práctica lo aprendido,
se estima a sí mismo
y prospera. (V.P.)

El que adquiere comprensión
se ama sí mismo
quien guarda la prudencia
encontrará la felicidad. (S.L.)

해설

1. posee: poseer(소유하다)의 직/현/3/단수
2. guarda: guardar(지키다)의 직/현/3/단수
3. hallará: hallar(발견하다)의 직/미/3/단수

02 DE SEPTIEMBRE 9월 2일

환난 날에 나를 부르라
내가 너를 건지리니
네가 나를 영화롭게 하리로다 (시 50:15)

E invócame[1] en el día de la angustia;
Te libraré[2],
y tú me honrarás[3]. (V.R.)

Llámame cuando estés angustiado;
yo te libraré,
y tú me honrarás. (V.P.)

Invócame en el día de la angustia:
Yo te libraré
y podrás glorificarme. (S.L.)

해설

1. invócame: 나를 부르라
   invoca + me
2. libraré: librar(자유롭게 하다)의 직/미/1/단수
3. honrarás: honrar(영화롭게 하다)의 직/미/2/단수

내 계명은
곧 내가 너희를 사랑한 것 같이
너희도 서로 사랑하라 하는 이것이니라 (요 15:12)

Este es mi mandamiento:
Que os améis[1] unos a otros[2],
como yo os he amado[3]. (V.R.)

Mi mandamiento es éste:
Que se amen unos a otros
como yo los he amado a ustedes. (V.P.)

Mi mandamiento es éste:
Amense unos con otros,
como yo los he amado. (S.L.)

해설

1. os améis: 너희들은 서로 사랑해라
2. unos a otros: 서로. 앞의 os와 중복형
3. como yo os he amado: 내가 너희를 사랑하고 있는 것처럼

04 DE SEPTIEMBRE 9월 4일

하나님은 영이시니
예배하는 자가
영과 진리로
예배할지니라 (요 4:24)

Dios es Espíritu;
y los que le adoran[1],
en espíritu y en verdad
es necesario que adoren[2]. (V.R.)

Dios es Espíritu,
y los que lo adoran
deben hacerlo de un modo verdadero,
conforme al Espíritu de Dios. (V.P.)

Dios es espíritu;
por tanto, los que lo adoran,
deben adorarlo
en Espíritu y en verdad. (S.L.)

해설

1. adoran: adorar(예배하다)의 직/현/3/복수
2. adoren: adorar의 접/현/3/복수

심령이 가난한 자는
복이 있나니
천국이 그들의 것임이요 (마 5:3)

Bienaventurados
los pobres en espíritu
porque de ellos es[1] el reino de los cielos. (V.R.)

Dichos
los que reconocen su necesidad espiritual,
pues el reino de Dios les pertenece. (V.P.)

Felices
los que tienen espíritu de pobre,
porque de ellos es el Reino de los Cielos. (S.L.)

1. de ellos es: 그들의 것이다
원래는 es de ellos가 도치되었음

그리스도의 평강이 너희 마음을 주장하게 하라
너희는 평강을 위하여 한 몸으로 부르심을 받았으니
너희는 또한 감사하는 자가 되라 (골 3:15)

Y la paz de Dios gobierne[1] en vuestros corazones,
a la que asimismo fuisteis[2] llamados
  en un solo cuerpo;
y sed[3] agradecidos. (V.R.)

Y que la paz de Cristo dirija sus corazones,
porque con este propósito los llamó Dios
  a formar un solo cuerpo.
Y sean agradecidos. (V.P.)

Que la paz de Cristo reine en sus corazones;
ustedes fueron llamados a encontrarla,
  unidos en un mismo cuerpo.
Finalmente, sean agradecidos. (S.L.)

1. gobierne: gobernar(지배하다)의 접/현/3/단수
2. fuisteis: ser의 직/부정과거/2/복수
3. sed: ser의 vosotros의 긍정명령

07 DE SEPTIEMBRE 9월 7일

형제를 사랑하여 서로 우애하고
존경하기를 서로 먼저 하며
부지런하여 게으르지 말고
열심을 품고 주를 섬기라 (롬 12: 10-11)

Amaos[1] los unos a los otros con amor fraternal;
en cuanto a honra, prefiriéndoos[2] los unos a los otros.
En lo que requiere[3] diligencia, no perezosos;
fervientes en espíritu, sirviendo[4] al Señor. (V.R.)

Amense como hermanos los unos a los otros,
dándose preferencia y respetándose mutuamente.
Esfuércense, no sean perezosos y
sirvan al Señor con corazón ferviente. (V.P.)

En el amor entre hermanos:
demuéstrense cariño unos a otros.
En el respecto: estimen a los otros como más dignos.
En el cumplimiento del deber: no sean flojos.
En el Espíritu sean fervorosos, y sirvan al Señor. (S.L.)

해설

1. amaos: 너희들은 서로 사랑하라
2. prefiriéndoos: preferirse의 현재분사 2인칭 복수
3. requiere: requerir의 직/현/3/단수
4. sirviendo: 섬기면서. servir의 현재분사

8 DE SEPTIEMBRE 9월 8일

내가 너희의 모든 대적이
능히 대항하거나 변박할 수 없는
구변과 지혜를 너희에게 주리라 (눅 21: 15)

Porque yo os daré[1] palabra y sabiduría,
la cual no podrán[2] resistir ni contradecir
todos los que se opongan[3]. (V.R.)

Porque yo les daré palabras tan llenas de sabiduría
que ninguno de sus enemigos
podrá resistirlos ni contradecirlos en nada. (V.P.)

Porque yo mismo les daré palabras tan sabias
que ninguno de sus opositores
las podrá resistir o contradecir. (S.L.)

해설

1. daré: dar(주다)의 직/미/1/단수
2. podrán: poder(할 수 있다)의 직/미/3/복수
   poder 동사는 직설법 미래가 불규칙으로 podré, podrás, podrá, podremos, podréis, podrán
3. se opongan: oponerse(반대하다)의 접/현/3/복수

오늘 내가 너희 앞에 베푸는
모든 규례와 법도를
너희는 지켜 행할지니라 (신 11:32)

Cuidaréis[1], pues, de cumplir
todos los estatutos y decretos
que yo presento[2] hoy delante de vosotros. (V.R.)

Pongan en práctica
todas las leyes y decretos
que hoy les he entregado. (V.P.)

Y cuidarán de cumplir
todas las leyes y preceptos
que les propongo ahora. (S.L.)

1. cuidaréis: cuidar의 직/미/2/복수
너희들은 지켜라: 미래가 명령으로 사용됨
2. presento: presentar(제시하다)의 직/현/1/단수

칼로 찌름 같이
함부로 말하는 자가 있거니와
지혜로운 자의 혀는
양약과 같으니라 (잠 12:18)

Hay hombres
cuyas[1] palabras son como golpes de espada;
Mas la lengua de los sabios
es medicina. (V.R.)

Hay quienes hieren
con sus palabras,
pero hablan los sabios
y dan alivio. (V.P.)

El que habla sin reflexionar hiere
como espada;
la lengua de los sabios
sana las heridas. (S.L.)

해설

1. cuyas: 관계대명사의 소유격으로 cuyo의 여성 복수형. 뜻은 de hombres.
cuyo는 형용사이므로 수식 받는 명사에 따라 cuyo, cuya, cuyos, cuyas로 변하는 것은 당연하다

11 DE SEPTIEMBRE 9월 11일

하나님을 찬송하리로다
그가 내 기도를 물리치지 아니하시고
그의 인자하심을
내게서 거두지도 아니하셨도다 (시 66:20)

Bendito[1] sea[2] Dios,
Que no echó[3] de sí mi oración,
ni de mí su misericordia. (V.R.)

¡Bendito sea Dios,
que no rechazó mi oración
ni me negó su amor! (V.P.)

¡Bendito sea Dios,
que no puso mis súplicas aparte
ni me negó su amor! (S.L.)

해설

1. bendito: bendecir의 불규칙 과거분사
2. sea: ser의 접/현/3/단수
3. echó: echar(버리다)의 직/부정과거/3/단수

12 DE SEPTIEMBRE 9월 12일

모든 것이 가하나 모든 것이 유익한 것이 아니요
모든 것이 가하나 모든 것이 덕을 세우는 것이 아니니
누구든지 자기의 유익을 구하지 말고
남의 유익을 구하라 (고전 10:23-24)

Todo me es lícito, pero no todo conviene[1];
todo me es lícito, pero no todo edifica[2].
Ninguno busque[3] su propio bien,
sino el del otro. (V.R.)

Se dice: "Uno es libre de hacer lo que quiera".
Es cierto, pero no todo conviene.
Sí, uno es libre de hacer lo que quiera,
pero no todo ayuda al crecimiento espiritual.
No hay que buscar el bien de uno mismo,
sino el bien de los demás. (V.P.)

Todo es permitido, pero no todo es provechoso.
Todo es permitido, pero no todo es constructivo.
Que nadie busque su propio interés,
sino el del prójimo. (S.L.)

해설

1. conviene: convenir(적당하다)의 직/현/3/단수
2. edifica: edificar(세우다)의 직/현/3/단수
3. busque: buscar(구하다)의 접/현/3/단수

부지런한 자의 손은
사람을 다스리게 되어도
게으른 자는 부림을 받느니라 (잠 12:24)

La mano de los diligentes
señoreará[1];
Mas la negligencia será[2] tributaria. (V.R.)

El que trabaja,
dominará;
el perezoso será dominado. (V.P.)

A la mano trabajadora
toca mandar;
a la floja, someterse. (S.L.)

1. señoreará: señorear(다스리다)의 직/미/3/단수
2. será: ser의 직/미/3/단수

14 DE SEPTIEMBRE 9월 14일

내가 이르노니
너희는 성령을 따라 행하라
그리하면
육체의 욕심을 이루지 아니하리라 (갈 5:16)

Digo, pues:
Andad[1] en el Espíritu,
y
no satisfagáis[2] los deseos de la carne. (V.R.)

Por lo tanto, digo:
Vivan según el Espíritu,
y
no busquen satisfacer sus propios malos deseos. (V.P.)

Por eso les digo:
anden según el Espíritu
y
no llevarán a efecto los deseos de la carne. (S.L.)

해설

1. andad: andar(걷다)의 vosotros의 긍정 명령
2. satisfagáis: satisfacer(만족시키다)의 접/현/2/복수

누구든지 남의 아내와 간음하는 자
곧 그의 이웃의 아내와 간음하는 자는
그 간부와 음부를 반드시 죽일지니라 (레 20:10)

Si un hombre cometiere[1] adulterio
 con la mujer de su prójimo,
el adúltero y la adúltera
indefectiblemente serán muertos[2]. (V.R.)

Si alguien comete adulterio
 con la mujer de su prójimo,
se condenará a muerte
tanto al adúltero como a la adúltera. (V.P.)

El hombre que comete adulterio
 con una mujer casada,
el hombre que lo comete con una mujer casada,
el hombre que lo comete con la mujer de su prójimo,
morirá: el adúltero y la adúltera juntos. (S.L.)

해설

1. cometiere: cometer(범하다)의 접/미/3/단수
2. serán muertos: 죽임을 당할 것이다

16 DE SEPTIEMBRE 9월 16일

애통하는 자는 복이 있나니
그들이 위로를 받을 것임이요
온유한 자는 복이 있나니
그들이 땅을 기업으로 받을 것임이요 (마 5:4-5)

Bienaventurados los que lloran[1],
porque ellos recibirán[2] consolación.
Bienaventurados los mansos,
porque ellos recibirán[2] la tierra por heredad. (V.R.)

Dichosos los que están tristes,
pues Dios les dará consuelo.
Dichosos los de corazón humilde,
pues recibirán la tierra que Dios les ha prometido. (V.P.)

Felices los que lloran,
porque recibirán consuelo.
Felices los pacientes,
porque recibirán la tierra en herencia. (S.L.)

해설

1. lloran: llorar(울다)의 직/현/3/복수
2. recibirán: recibir(받다)의 직/미/3/복수

17 DE SEPTIEMBRE 9월 17일

노하기를 더디하는 자는
용사보다 낫고
자기의 마음을 다스리는 자는
성을 빼앗는 자보다 나으니라 (잠16:32)

Mejor es
el que tarda en[1] airarse que el fuerte;
Y el que se enseñorea de[2] su espíritu,
que el que toma[3] una ciudad. (V.R.)

Más vale
ser paciente que valiente;
más vale vencerse
uno mismo que conquistar ciudades. (V.P.)

Prefiero
el hombre paciente al héroe;
más vale el que se domina a sí mismo
que un conquistar de ciudades. (S.L.)

해설

1. tardar en+동사원형: …하는데 시간이 걸리다
2. enseñorearse de: …을 다스리다
3. toma: tomar(취하다, 빼앗다)의 직/현/3/단수

18 DE SEPTIEMBRE 9월 18일

술 취하고 음식을 탐하는 자는
가난하여질 것이요
잠자기를 즐겨하는 자는
해어진 옷을 입을 것임이니라 (잠23:21)

Porque el bebedor y el comilón
empobrecerán[1],
Y el sueño
hará[2] vestir vestidos rotos. (V.R.)

Pues los borrachos y los glotones
acaban en la ruina,
y los perezosos
se visten de harapos. (V.P.)

Porque el bebedor y el glotón
se empobrecen,
y la flojera
se vestirá de harapos. (S.L.)

해설

1. empobrecerán: empobrecer(가난하게 하다)의 직/미/3/복수
2. hará: hacer(하게 하다)의 직/미/3/단수
   hará vestir: 입게 하다

자기의 목숨을 얻는 자는
잃을 것이요
나를 위하여 자기의 목숨을 잃는 자는
얻으리라 (마 10:39)

El que halla[1] su vida,
la perderá[2];
y el que pierde[3] su vida por causa de mí,
la hallará[4]. (V.R.)

El que trate de salvar su vida,
la perderá,
pero el que pierda su vida por causa mía,
la salvará. (V.P.)

El que procure salvar su vida
la perderá,
y el que sacrifique su vida por mí,
la hallará. (S.L.)

해설

1. halla: hallar(얻다)의 직/현/3/단수
2. perderá: perder(잃다)의 직/미/3/단수
3. pierde: perder의 직/현/3/단수
4. hallará: hallar의 직/미/3/단수

20 DE SEPTIEMBRE 9월 20일

내가 산을 향하여 눈을 들리라
나의 도움이 어디서 올까
나의 도움은 천지를 지으신
여호와에게서로다 (시 121:1-2)

Alzaré[1] mis ojos a los montes;
¿De dónde vendrá[2] mi socorro?
Mi socorro viene[3] de Jehová,
Que hizo[4] los cielos y la tierra. (V.R.)

Al contemplar las montañas me pregunto:
"¿De dónde vendrá mi ayuda?"
Mi ayuda vendrá del Señor,
creador del cielo y de la tierra. (V.P.)

Dirijo la mirada hacia los cerros
en busca de socorro.
Mi socorro me viene del Señor,
que hizo el cielo y la tierra. (S.L.)

해설

1. alzaré: alzar(올리다)의 직/미/1/단수
2. vendrá: venir(오다)의 직/미/3/단수
3. viene: venir의 직/현/3/단수
4. hizo: hacer(만들다)의 직/부정과거/3/단수

내가 너로 큰 민족을 이루고
네게 복을 주어
네 이름을 창대하게 하리니
너는 복이 될지라 (창12:2)

Y haré[1] de ti una nación grande,
y te bendeciré[2],
y engrandeceré[3] tu nombre,
y serás[4] bendición. (V.R.)

Con tus descendientes
voy a formar una gran nación;
voy a bendecirte y hacerte famoso,
y serás una bendición para otros. (V.P.)

Haré de ti una nación grande
y te bendeceré.
Engrandeceré tu nombre,
y tú serás una bendición. (S.L.)

1. haré: hacer(하다)의 직/미/1/단수
2. bendeciré: bendecir(축복하다)의 직/미/1/단수
3. engrandeceré: engrandecer(크게 하다)의 직/미/1/단수
4. serás: ser의 직/미/2/단수

22 DE SEPTIEMBRE 9월 22일

마음의 경영은 사람에게 있어도
말의 응답은 여호와께로부터 나오느니라
사람의 행위가 자기 보기에는 모두 깨끗하여도
여호와는 심령을 감찰하시느라 (잠 16:1)

Del hombre son las disposiciones del corazón;
Mas de Jehová es la respuesta de la lengua.
Todos los caminos del hombre son limpios
  en su propia opinión;
Pero Jehová pesa[1] los espíritus. (V.R.)

Los planes son del hombre;
la palabra final la tiene el Señor.
Al hombre le parece bueno todo lo que hace,
pero el Señor es quien juzga las intenciones. (V.P.)

El hombre propone en su corazón,
pero Yavé dispone.
A los ojos del hombre, todos sus caminos son rectos,
pero Yavé pesa los espíritus. (S.L.)

해설

1. pesa: pesar(감찰하다, 무게를 달다)의 직/현/3/단수

너의 행사를 여호와께 맡기라
그리하면
네가 경영하는 것이 이루어지리라 (잠 16:3)

Encomienda[1] a Jehová tus obras,
Y tus pensamientos serán[2] afirmados. (V.R.)

Pon tus actos en las manos del Señor
y tus planes se realizarán. (V.P.)

Encomienda tus obras a Yavé,
y tus proyectos se realizarán. (S.L.)

해설

1. encomienda: encomendar(맡기다)의 직/현/3/단수 tú의 긍정 명령
2. serán: ser의 직/미/3/복수

민족이 민족을,
나라가 나라를 대적하여 일어나겠고
곳곳에 기근과 지진이 있으리니
이 모든 것은 재난의 시작이라 (마 24:7-8)

Porque se levantará[1] nación contra nación,
y reino contra reino;
y habrá[2] pestes y hambres y terremotos en diferentes lugares.
Y todo esto será[3] principio de dolores. (V.R.)

Porque una nación peleará contra otra
y un país hará guerra contra otro;
y habrá hambres y terremotos en muchos lugares
Pero todo eso apenas será el comienzo de los dolores. (V.P.)

Unas naciones se levantarán en contra de otras,
y pueblos contra otros pueblos.
Habrá hambres y terremotos en diversos lugares.
Pero todo esto no será sino el comienzo
de un doloroso alumbramiento. (S.L.)

해설

1. se levantará: levantarse(일어나다)의 직/미/3/단수
2. habrá: 있을 것이다. hay의 미래. haber의 직/미/3/단수
3. será: ser의 직/미/3/단수

25 DE SEPTIEMBRE 9월 25일

세계가 다 내게 속하였나니
너희가 내 말을 잘 듣고 내 언약을 지키면
너희는 모든 민족 중에서 내 소유가 되겠고 (출 19:5)

Ahora, pues, si diereis[1] oído a mi voz, y guardareis[2] mi pacto,
vosotros seréis[3] mi especial tesoro sobre todos los pueblos;
porque mía es toda la tierra. (V.R.)

Así que, si ustedes me obedecen en todo
y cumplen mi pacto,
serán mi pueblo preferido entre todos los pueblos,
pues toda la tierra me pertenece. (V.P.)

Ahora, pues, si ustedes me escuchan y respetan mi alianza,
los tendré por mi pueblo entre todos los pueblos.
Pues el mundo es todo mío. (S.L.)

해설

1. diereis: dar(주다)의 접/미/2/복수
2. guardareis: guardar(지키다)의 접/미/2/복수
3. seréis: ser의 직/미/2/복수

26 DE SEPTIEMBRE 9월 26일

너희가 내게 대하여 제사장 나라가 되며
거룩한 백성이 되리라
너는 이 말을
이스라엘 자손에게 전할지니라 (출 19:6)

Y vosotros me seréis[1] un reino de sacerdotes,
y gente santa.
Estas son las palabras
que dirás[2] a los hijos de Israel. (V.R.)

Ustedes me serán un reino de sacerdotes,
un pueblo consagrado a mí.
Diles todo esto a los israelitas. (V.P.)

Los tendré a ustedes
como mi pueblo de sacerdotes,
y una nación que me es consagrada. (S.L.)

해설

1. seréis: ser의 직/미/2/복수
2. dirás: decir(말하다, 전하다)의 직/미/2/단수
   decir 동사의 직설법 미래는 불규칙으로 diré, dirás, dirá, diremos, diréis, dirán

너를 낳은 아비에게
청종하고
네 늙은 어미를
경히 여기지 말지니라 (잠 23:22)

Oye[1] a tu padre,
a aquel que te engendró[2];
Y cuando tu madre envejeciere[3],
no la menosprecies[4]. (V.R.)

Atiende a tu padre,
que te engendró;
no desprecies a tu mandre
cuando sea anciana. (V.P.)

Escucha a tu padre,
al que te engendró,
no desprecies a tu madre
cuando llegue a vieja. (S.L.)

해설

1. oye: 들어라
2. engendró: engendrar(낳다)의 직/부정과거/3/단수
3. envejeciere: envejecer(늙게 하다)의 접/미/3/단수
4. menosprecies: menospreciar(무시하다)의 접/현/2/단수

28 DE SEPTIEMBRE 9월 28일

선을 간절히 구하는 자는
은총을 얻으려니와
악을 더듬어 찾는 자에게는
악이 임하리라 (잠 11:27)

El que procura[1] el bien
buscará[2] favor;
Mas al que busca[3] el mal,
éste le vendrá[4]. (V.R.)

El que anda tras el bien,
busca ser aprobado;
al que anda tras el mal,
mal le irá. (V.P.)

El que busca el bien,
gana el favor de Dios;
quien persigue el mal,
el mal alcanzará. (S.L.)

해설

1. procura: procurar(구하다)의 직/현/3/단수
2. buscará: buscar(찾다)의 직/미/3/단수
3. busca: buscar의 직/현/3/단수
4. vendrá: venir(오다)의 직/미/3/단수

29 DE SEPTIEMBRE 9월 29일

너는 이웃집에 자주 다니지 말라
그가 너를 싫어하며 미워할까
두려우니라 (잠 25:17)

Detén[1] tu pie de la casa de tu vecino,
No sea[2] que hastiado de ti
te aborrezca[3]. (V.R.)

Si visitas a tu amigo,
no lo hagas con frecuencia,
no sea que se canse de ti
y llegue a odiarte. (V.P.)

Anda rara vez a casa del vecino,
no sea que lo canses
y te aborrezca. (S.L.)

해설

1. detén: 멈추어라.
   detener(멈추다)의 tú의 긍정명령
2. sea: ser의 접/현/3/단수
3. aborrezca: aborrecer(싫어하다)의 접/현/3/단수

30 DE SEPTIEMBRE 9월 30일

만일 네가 미련하여
스스로 높은 체하였거나
혹 악한 일을 도모하였거든
네 손으로 입을 막으라 (잠 30:32)

Si neciamente has procurado[1] enaltecerte,
O si has pensado[2] hacer mal,
Pon el dedo sobre tu boca. (V.R.)

Si tontamente te has dado importancia
y has hecho planes malvados,
ponte a pensar. (V.P.)

Si fuiste bastante torpe como para enojarte,
y después reflexionaste,
tápate la boca con la mano. (S.L.)

해설

1. has procurado: procurar(하려고 하다)의 직/현재완료/2/단수
   procurar+동사원형: …하려고 하다
2. has pensado: pensar(하려고 하다)의 직/현재완료/2/단수
   pensar+동사원형: …하려고 하다

대저 젖을 저으면 엉긴 젖이 되고
코를 비틀면 피가 나는 것 같이
노를 격동하면 다툼이 남이니라 (잠 30:33)

Ciertamente el que bate[1] la leche sacará[2] mantequilla,
Y el que recio se suena[3] las narices sacará[2] sangre;
Y el que provoca[4] la ira causará[5] contienda. (V.R.)

que si bates la leche, obtendrás mantequilla,
si te suenas fuerte, te sangrará la nariz,
y si irritas a otro, acabarás en una pelea. (V.P.)

Porque apretándose la leche
se saca mantequilla,
apretándose la nariz sangre,
y provocando la ira, viene la disputa. (S.L.)

해설

1. bate: batir(젓다)의 직/현/3/단수
2. sacará: sacar(꺼내다)의 직/미/3/단수
3. se suena: sonarse(풀다)의 직/현/3/단수
4. provoca: provocar(사주하다)의 직/현/3/단수
5. causará: causar(일어나다)의 직/미/3/단수

01 DE OCTUBRE 10월 1일

내가 사람의 방언과 천사의 말을 할지라도
사랑이 없으면
소리나는 구리와
울리는 꽹과리가 되고 (고전 13:1)

Si yo hablase[1] lenguas humanas y angélicas,
y no tengo amor,
vengo a ser como metal que resuena,
o címbalo que retiñe[2]. (V.R.)

Si hablo las lenguas de los hombres y aun de los ángeles,
pero no tengo amor,
no soy más que un metal que resuena
o un platillo discordante. (V.P.)

Si yo hablara todas las lenguas
 de los hombres y de los ángeles,
y me faltara el amor,
no sería más que bronce que resuena
y campana que toca. (S.L.)

해설

1. hablase: hablar(말하다)의 접/과거/1/단수
2. retiñe: reteñir(울리다)의 직/현/3/단수

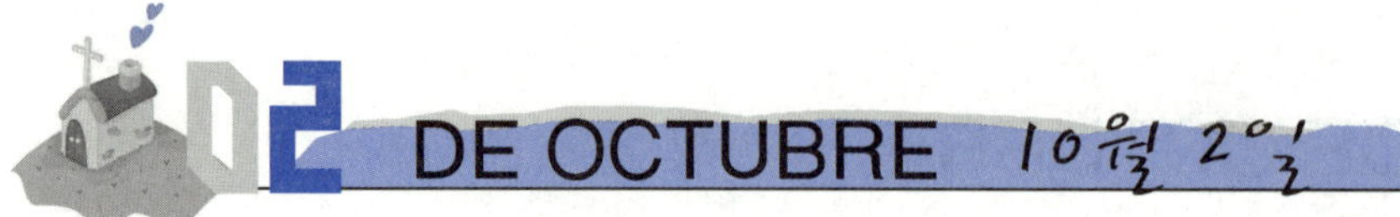

내가 예언하는 능력이 있어 모든 비밀과 모든 지식을 알고
또 산을 옮길 만한 모든 믿음이 있을지라도
사랑이 없으면 내가 아무 것도 아니요 (고전 13:2)

Y si tuviese[1] profecía,
y entendiese[2] todos los misterios y toda la ciencia,
y si tuviese[1] toda la fe,
de tal manera que trasladase[3] los montes,
y no tengo amor, nada soy. (V.R.)

Y si hablo de parte de Dios,
y entiendo sus propósitos secretos,
y sé todas las cosas,
y si tengo la fe necesaria para mover montañas,
pero no tengo amor, no soy nada. (V.P.)

Si yo tuviera el don de profecías,
conociendo las cosas secretas
con toda clase de conocimientos,
y tuviera tanta fe como para trasladar los montes,
pero me faltara el amor, nada soy, (S.L.)

해설

1. tuviese: tener의 접/과거/1/단수
2. entendiese: entender의 접/과거/1/단수
3. trasladase: trasladar(옮기다)의 접/과거/1/단수

03 DE OCTUBRE 10월 3일

내가 내게 있는 모든 것으로 구제하고
또 내 몸을 불사르게 내어 줄지라도
사랑이 없으면
내게 아무 유익이 없느니라 (고전 13:3)

Y si repartiese[1] todos mis bienes para dar de comer a los pobres,
y si entregase[2] mi cuerpo para ser quemado,
y no tengo amor,
de nada me sirve. (V.R.)

Y si reparto entre los pobres todo lo que poseo,
y aun si entrego mi propio cuerpo para ser quemado,
pero no tengo amor,
de nada me sirve. (V.P)

Si reparto todo lo que poseo a los pobres
y si entrego hasta mi propio cuerpo,
pero no por amor,
sino para recibir alabanzas,
de nada me sirve. (S.L.)

해설

1. repartiese: repartir(나누다)의 접/과거/1/단수
2. entregase: entregar(건네다)의 접/과거/1/단수.

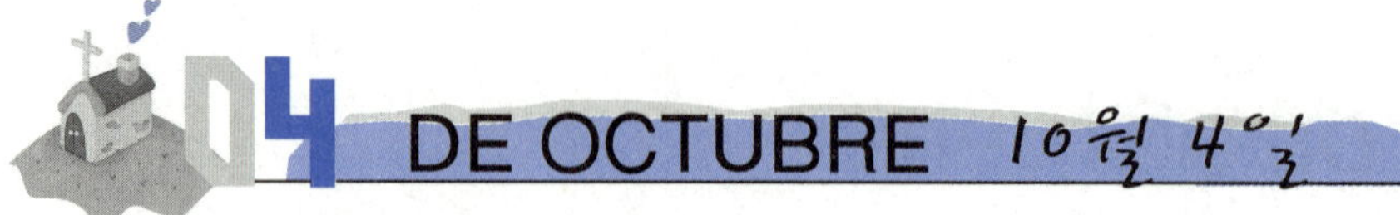

04 DE OCTUBRE 10월 4일

사랑은 오래 참고
사랑은 온유하며 시기하지 아니하며
사랑은 자랑하지 아니하며
교만하지 아니하며 (고전 13:4)

El amor es sufrido,
es benigno; el amor no tiene envidia,
el amor no es jactancioso,
no se envanece[1]; (V.R.)

Tener amor es saber soportar;
es ser bondadoso; es no tener envidia,
ni ser presumido,
ni orgulloso, (V.P)

El amor es paciente,
servicial y sin envidia.
No quiere aparentar
ni se hace el importante. (S.L.)

해설

1. se envanece: envanecerse(교만하다)의 직/현/3/단수

05 DE OCTUBRE 10월 5일

무례히 행하지 아니하며
자기의 유익을 구하지 아니하며
성내지 아니하며
악한 것을 생각하지 아니하며 (고전 13:5)

no hace nada indebido,
no busca[1] la suyo,
no se irrita[2],
no guarda[3] rencor; (V.R.)

ni groseco,
ni egoísta;
es no enojarse
ni guardar rencor; (V.P)

No actúa con bajeza,
ni busca su propio interés.
El amor no se deja llevar por la ira,
sino que olvida las ofensas y perdona. (S.L.)

해설

1. busca: buscar(찾다, 구하다)의 직/현/3/단수
2. se irrita: irritarse(성내다)의 직/현/3/단수.
3. guarda: guardar(지키다)의 직/현/3/단수

불의를 기뻐하지 아니하며 진리와 함께 기뻐하고 모든 것을 참으며 모든 것을 믿으며 모든 것을 바라며 모든 것을 견디느니라 (고전 13:6-7)

no se goza[1] de la injusticia, mas se goza de la verdad.
Todo lo sufre[2], todo lo cree[3],
todo lo espera[4], todo lo soporta[5]. (V.R.)

es no alegrarse de las injusticias, sino de la verdad.
Tener amor es sufrirlo todo, creerlo todo,
esperarlo todo, soportarlo todo. (V.P)

Nunca se alegra de algo injusto
y siempre le agrada la verdad.
El amor disculpa todo;
todo lo cree, todo lo espera
y todo lo soporta. (S.L.)

해설

1. se goza: gozarse(기뻐하다)의 직/현/3/단수
2. sufre: sufrir(참다)의 직/현/3/단수
3. cree: creer(믿다)의 직/현/3/단수
4. soporta: soportar(견디다, 참다)의 직/현/3/단수

07 DE OCTUBRE 10월 7일

사랑은 언제까지나
떨어지지 아니하되
예언도 폐하고 방언도 그치고
지식도 폐하리라 (고전 13:8)

El amor nunca deja de[1] ser;
pero las profecías se acabarán[2],
y cesarán[3] las lenguas,
y la ciencia acabará[4]. (V.R.)

El amor jamás dejará de existir.
Un día los hombres dejarán de profetizar,
y ya no hablarán en lenguas,
ni serán necesarios los conocimientos. (V.P)

El amor nunca pasará.
Pasarán las profecías,
callarán las lenguas
y se perderá el conocimiento. (S.L.)

1. dejar de+동사원형: …을 그만두다
2. se acabarán: acabarse(끝나다)의 직/미/3/복수
3. cesarán: cesar(그치다)의 직/미/3/복수
4. acabará: acabar(끝내다)의 직/미/3/단수

우리는 부분적으로 알고
부분적으로 예언하니
온전한 것이 올 때에는
부분적으로 하던 것이 폐하리라 (고전 13:9-10)

Porque en parte conocemos[1],
y en parte profetizamos[2];
mas cuando venga[3] lo perfecto,
entonces lo que es en parte se acabará[4]. (V.R.)

Porque los conocimientos
y la profecía son cosas imperfectas,
que llegarán a su fin
cuando venga lo que es perfecto. (V.P.)

Porque el conocimiento, igual que las profecías,
no son cosas acabadas.
Y, cuando llegue lo perfecto,
lo imperfecto desaparecerá. (S.L.)

해설

1. conocemos: conocer(알다)의 직/현/1/복수
2. profetizamos: profetizar(예언하다)의 직/현/1/복수
3. venga: venir(오다)의 접/현/3/단수
4. se acabará: acabarse(끝나다)의 직/미/3/단수

9 DE OCTUBRE 10월 9일

내가 어렸을 때에는 말하는 것이 어린아이와 같고
깨닫는 것이 어린아이와 같고 생각하는 것이 어린아이와 같다가
장성한 사람이 되어서는 어린아이의 일을 버렸노라 (고전 13:11)

Cuando yo era[1] niño, hablaba[2] como niño,
pensaba[3] como niño, juzgaba[4] como niño;
mas cuando ya fui[5] hombre, dejé[6] lo que era de niño. (V.R.)

Cuando yo era niño, hablaba, pensaba y razonaba
como un niño;
pero al hacerme hombre,
dejé atrás lo que era propio de un niño. (V.P.)

Cuando yo era niño, hablaba como niño,
pensaba y razonaba como niño;
pero, cuando ya fui hombre, dejé atrás las cosas del niño. (S.L.)

해설

1. era: ser의 직/불완료과거/1/단수
2. hablaba: hablar(말하다)의 직/불완료과거/1/단수
3. pensaba: pensar(생각하다)의 직/불완료과거/1/단수
4. juzgaba: juzgar(판단하다)의 직/불완료과거/1/단수
5. fui: ser의 직/부정과거/1/단수
6. dejé: dejar(버리다)의 직/부정과거/1/단수

우리가 지금은 거울을 보는 것 같이 희미하나
그 때에는 얼굴과 얼굴을 대하여 볼 것이요
지금은 내가 부분적으로 아나
그 때에는 주께서 나를 아신 것 같이 내가 온전히 알리라 (고전 13:12)

Ahora vemos[1] por espejo, oscuramente;
mas entonces veremos[2] cara a cara.
Ahora conozco[3] en parte;
pero entonces conoceré como fui conocido. (V.R.)

Ahora vemos de manera borrosa como en un espejo;
pero un día lo veremos todo tal como es en realidad.
Mi conocimiento es ahora imperfecto,
pero un día lo conoceré todo del mismo modo
que Dios me conoce a mí. (V.P.)

Del mismo modo, al presente, vemos como en un mal espejo
y en forma confusa, pues entonces será cara a cara.
Ahora solamente conozco en parte,
pero entonces le conoceré a él como él me conoce a mí. (S.L.)

해설

1. era: ser의 직/불완료과거/1/단수
2. hablaba: hablar(말하다)의 직/불완료과거/1/단수
3. pensaba: pensar(생각하다)의 직/불완료과거/1/단수

11 DE OCTUBRE 10월 11일

그런즉 믿음, 소망, 사랑,
이 세 가지는 항상 있을 것인데
그 중의 제일은 사랑이라 (고전 13:13)

Y ahora permanecen[1]
la fe, la esperanza y el amor, estos tres;
pero el mayor de ellos
es el amor. (V.R.)

Tres cosas hay que son permanentes:
la fe, la esperanza y el amor;
pero la más importante de las tres
es el amor. (V.P.)

Ahora tenemos
la fe, la esperanza y el amor, los tres.
Pero el mayor de los tres
es el amor. (S.L.)

해설

1. permanecen: permanecer(남다)의 직/현/3/복수

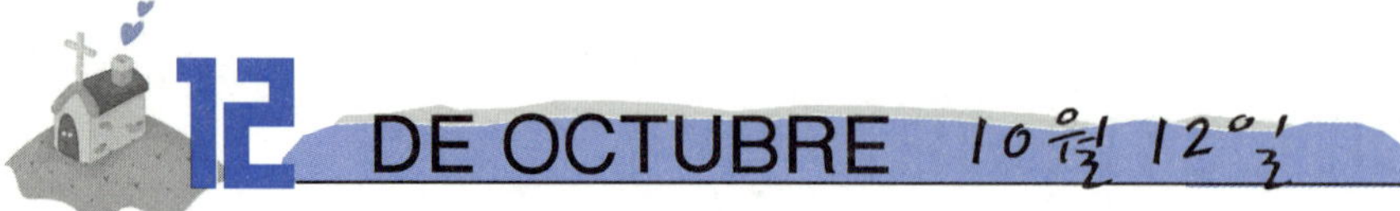

천지는 없어질지언정
내 말은 없어지지 아니하리라 (마 24:35)

El cielo y la tierra pasarán[1],
pero mis palabras no pasarán. (V.R.)

El cielo y la tierra dejarán[2] de[3] existir[4],
pero mis palabras no dejarán de cumplirse. (R.P.)

Pasarán el cielo y la tierra,
pero mis palabras no pasarán. (S.L.)

해설

1. pasarán: pasar(없어지다)의 직/미/3/복수
2. dejarán: dejar(두다)의 직/미/3/복수
3. dejar de+동사원형: …하는 것을 그만두다
4. dejarán de existir: 없어질 것이다

13 DE OCTUBRE 10월 13일

예수께서 이 말씀을 하시고 눈을 들어 하늘을 우러러 이르시되
아버지여 때가 이르렀사오니 아들을 영화롭게 하사
아들로 아버지를 영화롭게 하게 하옵소서 (요 17:1)

Estas cosas habló[1] Jesús, y levantando los ojos al cielo, dijo:
Padre, la hora ha llegado[2];
glorifica[3] a tu hijo,
para que también tu Hijo te glorifique[4] a ti; (V.R.)

Después de decir estas cosas, Jesús miró al cielo y dijo:
"Padre, la hora ha llegado:
glorifica a tu Hijo,
para que también tu Hijo te glorifique a ti. (V.P.)

Cuando terminó este discurso, Jesús elevó los ojos al cielo y dijo:
《Padre, ha llegado la hora:
da gloria a tu Hijo para que tu Hijo te dé gloria a ti. (S.L.)

해설

1. habló: hablar(말하다)의 직/부정과거/3/단수
2. ha llegado: llegar(도착하다)의 직/현재완료/3/단수
3. glorifica: glorificar(영화롭게 하다)의 직/현/3/단수
4. glorifique: glorificar의 접/현/3/단수

14 DE OCTUBRE 10월 14일

아버지께서 아들에게 주신
모든 사람에게 영생을 주게 하시려고
만민을 다스리는 권세를 아들에게
주셨음이로소이다 (요 17:2)

como le has dado[1] potestad
sobre toda carne,
para que dé[2] vida eterna
a todos los que le diste[3]. (V.R.)

Pues tú has dado a tu Hijo autoridad
sobre todo hombre,
para dar vida eterna
a todos los que le distea. (V.P.)

usando el poder que a él le diste
sobre todos los mortales,
para comunicar la vida eterna
a todos los aquellos que le diste a él. (S.L.)

해설

1. has dado: dar(주다)의 직/현재완료/2/단수
2. dé: dar의 접/현/3/단수
3. diste: dar의 직/부정과거/2/단수
   dar 동사의 직설법 부정과거는 불규칙으로 di, diste, dio, dimos, disteis, dieron

15 DE OCTUBRE 10월 15일

영생은 곧 유일하신
참 하나님과 그가 보내신 자
예수 그리스도를 아는 것이니이다 (요 17:3)

Y esta es la vida eterna:
que te conozcan[1] a ti,
el único Dios verdadero,
y a Jesucristo, a quien has enviado[2]. (V.R.)

Y la vida eterna consiste en
que te conozcan a ti,
el único Dios verdadero,
y a Jesucristo, a quien tú enviaste. (V.P.)

Pues ésta es la vida eterna:
conocerte a ti,
único Dios verdadero,
y al que enviaste, Jesús, el Cristo. (S.L.)

해설

1. conozcan: conocer(알다)의 접/현/3/복수
2. has enviado: enviar(보내다)의 직/현재완료/2/단수

16 DE OCTUBRE 10월 16일

아버지께서 내게 하라고 주신 일을
내가 이루어
아버지를 이 세상에서 영화롭게 하였사오니 (요 17:4)

Yo te he glorificado[1] en la tierra;
he acabado[2] la obra
que me diste[3] que hiciese[4]. (V.R.)

"Yo te he glorificado aquí en el mundo,
pues he terminado
lo que me mandaste hacer. (V.P)

Te he glorificado en la tierra,
cumpliendo la obra
que me habías encarcado. (S.L.)

해설

1. he glorificado: glorificar(영화롭게 하다)의 직/현재완료/1/단수
2. he acabado: acabar(끝내다)의 직/현재완료/1/단수
3. diste: dar(주다)의 직/부정과거/2/단수
4. hiciese: hacer(하다)의 접/과거/1/단수

17 DE OCTUBRE 10월 17일

아버지여
창세 전에
내가 아버지와 함께 가졌던 영화로써
지금도 아버지와 함께 나를 영화롭게 하옵소서 (요 17:5)

Ahora pues, Padre,
glorifícame[1] tú al lado tuyo,
con aquella gloria que tuve[2] contigo
antes que el mundo fuese[3]. (V.R.)

Ahora, pues, Padre,
dame en tu presencia la misma gloria
que yo tenía contigo
desde antes que existiera el mundo. (V.P)

Ahora tú, Padre,
dame junto a ti la misma Gloria
que tenía a tu lado
desde antes que comenzara el mundo. (S.L.)

해설

1. glorifícame: 나를 영화롭게 하소서. glorifica(영화롭게 하소서)+me(나를)
2. tuve: tener의 직/부정과거/1/단수
   tener 동사의 직설법 부정과거는 불규칙으로
   tuve, tuviste, tuvo, tuvimos, tuvisteis, tuvieron
3. fuese: ser의 접/과거/3/단수
   antes que el mundo fuese 세상이 있기 이전에

18 DE OCTUBRE 10월 18일

자기의 육체를 위하여 심는 자는
육체로부터 썩어질 것을 거두고
성령을 위하여 심는 자는
성령으로부터 영생을 얻으리라 (갈 6:8)

Porque el que siembra[1] para su carne,
de la carne segará[2] corrupción;
mas el que siembra[1] para el Espíritu,
del Espíritu segará[2] vida eterna. (V.R.)

El que siembra la satisfacción de sus malos deseos,
de sus malos deseos recogerá una cosecha de muerte.
El que siembra la satisfacción del Espíritu,
del Espíritu recogerá una cosecha de vida eterna. (V.P.)

El que siembra para la carne,
cosechará de la carne corrupción y la muerte.
El que siembra para el Espíritu,
cosechará del Espíritu la vida eterna. (S.L.)

해설

1. siembra: sembrar(심다)의 직/현/3/단수
2. segará: segar(거두다)의 직/미/3/단수

19 DE OCTUBRE 10월 19일

너그러운 사람에게는 은혜를 구하는 자가 많고
선물을 주기를 좋아하는 자에게는
사람마다 친구가 되느니라 (잠 19:6)

Muchos buscan[1] el favor del generoso,
Y cada uno es amigo
del hombre que da[2]. (V.R.)

Al que es dadivoso y desprendido
todo el mundo lo busca
y se hace su amigo. (V.P.)

Son muchos los aduladores del noble,
todo el mundo es amigo
del que hace regalos. (S.L.)

1. buscan: buscar(구하다)의 직/현/3/단수
2. da: dar(주다)의 직/현/3/단수

오직 너 하나님의 사람아
이것들을 피하고
의의 경건과 믿음과 사랑과
인내와 온유를 따르며 (딤전 6:11)

Mas tú, oh hombre de Dios,
huye[1] de estas cosas,
y sigue[2] la justicia, la piedad, la fe, el amor,
la paciencia, la mansedumbre. (V.R.)

Pero tú, hombre de Dios,
huye de todo esto.
Lleva una vida de rectitud, de devoción a Dios,
de fe, de amor, de constancia y de humildad de corazón. (V.P.)

Tú, hombre de Dios,
huye de todo eso.
Procura ser religioso y justo.
Vive con fe y amor, constancia y bondad. (S.L.)

해설

1. huye: huir(피하다, 도망하다)의 직/현/3/단수
   huir 동사는 직설법 현재가 불규칙으로 huyo, huyes, huye, huimos, huis, huyen
2. sigue: seguir(따르다)의 직/현/3/단수
   seguir 동사는 직설법 현재가 불규칙으로
   sigo, sigues, sigue, seguimos, seguís, siguen

21 DE OCTUBRE 10월 21일

믿음의 선한 싸움을 싸우라
영생을 취하라
이를 위하여 네가 부르심을 받았고
많은 증인 앞에서 선한 증언을 하였도다 (딤전 6:12)

Pelea[1] la buena batalla de la fe,
echa[2] mano de la vida eterna,
a la cual asimismo fuiste llamado[3],
habiendo hecho[3] la buena profesión
delante de muchos testigos. (V.R.)

Pelea la buena batalla de la fe;
no dejes escapar la vida eterna, pues para eso te llamó Dios
y por eso hiciste una buena declaración de tu fe
delante de muchos testigos. (V.P.)

Da el buen combate de la fe,
conquista la vida eterna a la que has sido llamado
y por la que hiciste tu hermosa declaración de fe
en presencia de numerosos testigos. (S.L.)

해설

1. pelea: pelear(싸우다)의 tú의 긍정명령
2. echa: echar(취하다)의 tú의 긍정명령
3. habiendo hecho: hacer(하다)의 현재분사의 완료형

22 DE OCTUBRE 10월 22일

만물을 살게 하신 하나님 앞과
본디오 빌라도를 향하여
선한 증언을 하신 그리스도 예수 앞에서
내가 너를 명하노니 (딤전 6:13)

Te mando[1] delante de Dios,
que da vida a todas las cosas,
y de Jesucristo, que dio[2] testimonio
de la buena profesión delante de Poncio Pilato, (V.R.)

Ahora, delante de Dios,
que da vida a todo lo que existe,
y delante de Jesucristo, que también hizo
una buena declaración y dio testimonio
ante Poncio Pilato, te mando (V.P.)

Ahora, en presencia de Dios
que da vida a todas las cosas,
y de Cristo Jesús, que, ante Poncio Pilato,
dio su magnífico testimonio,
te doy una orden: guarda lo mandado; (S.L.)

해설

1. mando: mandar(명령하다)의 직/현/1/단수
2. dio: dar(주다)의 직/부정과거/3/단수. dar testimonio 증언하다

23 DE OCTUBRE 10월 23일

우리 주 예수 그리스도께서 나타나실 때까지
흠도 없고 책망 받을 것도 없이
이 명령을 지키라 (딤전 6:14)

que guardes[1] el mandamiento
sin mácula ni reprensión,
hasta la aparición de nuestro Señor Jesucristo, (V.R.)

que obedezcas[2] lo que te ordeno[3],
sin cambiarlo, para que no haya de qué reprenderte.
Y hazlo así
hasta que venga nuestro Señor Jesucristo. (V.P.)

guárdate
sin mancha ni reproche
hasta la venida gloriosa de Cristo Jesús,
nuestro Señor. (S.L.)

1. guardes: guardar(지키다)의 접/현/2/단수
2. obedezcas: obedecer(복종하다)의 접/현/2/단수
3. ordeno: ordenar(명령하다)의 직/현/1/단수

기약이 이르면
하나님이 그의 나타나심을 보이시리니
하나님은 복되시고 유일한 주권자이시며
만왕의 왕이시며 만주의 주시요 (딤전 6:15)

la cual a su tiempo
mostrará[1] la bienaventurado
y solo Soberano, Rey de reyes,
y Señor de señores. (V.R.)

A su debido tiempo,
Dios llevará esto a cabo,
porque él es el único y bendito Soberano,
Rey de reyes y Señor de señores. (V.P.)

al que presentará,
cuando sea tiempo,
El Bienaventurado y Unico Soberano,
Rey de reyes y Señor de Señores. (S.L.)

해설

1. mostrará: mostrar(보이다)의 직/미/3/단수

25 DE OCTUBRE 10월 25일

오직 그에게만 죽지 아니함이 있고
가까이 가지 못할 빛에 거하시고
어떤 사람도 보지 못하였고 또 볼 수 없는 이시니
그에게 존귀와 영원한 권능을 돌릴지어다 아멘 (딤전 6:16)

el único que tiene inmortalidad,
que habita[1] en luz inaccesible;
a quien ninguno de los hombres ha visto[2] ni puede[3] ver,
al cual sea[4] la honra y el imperio sempiterno. Amén. (V.R.)

Es el único inmortal,
que vive en una luz a la que nadie puede acercarse.
Ningún hombre lo ha visto ni lo puede ver.
¡Suyos sean para siempre el honor y el poder! Así sea. (V.P.)

Al único inmortal,
al que vive en la luz inaccesible
y que ningún hombre ha visto ni puede ver,
a El sea el honor y el poder por siempre jamás. ¡Amén! (S.L.)

해설

1. habita: habitar(살다)의 직/현/3/단수
2. ha visto: ver(보다)의 직/현재완료/3/단수
3. puede: poder(할 수 있다)의 직/현/3/단수
4. sea: ser의 접/현/3/단수

26 DE OCTUBRE 10월 26일

진실한 입술은
영원히 보존되거니와
거짓 혀는
잠시 동안만 있을 뿐이니라 (잠 12:19)

El labio veraz
permanecerá[1] para siempre;
Mas la lengua mentiroso
sólo por un momento. (V.R.)

El que dice la verdad
permanece para siempre,
pero el mentiroso,
sólo un instante. (V.P.)

La lengua sincera
permanece para siempre,
pero sólo un instante
la lengua mentirosa. (S.L.)

해설

1. permanecerá: permanecer(남다)의 직/미/3/단수

27 DE OCTUBRE 10월 27일

이스라엘이 어렸을 때에
내가 사랑하여
내 아들을 애굽에서 불러냈거늘 (호 11:1)

Cuando Israel era[1] muchacho,
yo lo amé[2],
y de Egipto llamé[3] a mi hijo. (V.R.)

Cuando el pueblo de Israel era niño,
yo lo amaba;
a él, que era mi hijo, lo llamé de Egipto. (V.P)

Cuando Israel era niño,
yo lo amé,
y de Egipto llamé a mi hijo. (S.L.)

해설

1. era: ser의 직/불완료과거/3/단수
2. amé: amar(사랑하다)의 부정과거/1/단수
3. llamé: llamar(부르다)의 직/부정과거/1/단수

28 DE OCTUBRE 10월 28일

선지자들이 그들을 부를수록
그들은 점점 멀리하고
바알들에게 제사하며
빼앗긴 우상 앞에서 분향하였느니라 (호 11:2)

Cuando más yo los llamaba[1],
tanto más se alejaban de[2] mí;
a los baales sacrificaban[3],
y a los ídolos ofrecían[4] sahumerios. (V.R.)

Pero cuanto más lo llamaba,
más se apartaba de mí.
Mi pueblo ofrecía sacrificios a los dioses falsos
y quemaba incienso a los ídolos. (V.P.)

Pero mientras los llamaba yo,
más se alejaban de mí.
Ofrecieron sacrificios a los baales
y quemaron incienso ante los ídolos. (S.L.)

해설

1. llamaba: llamar(부르다)의 직/불완료과거/1/단수
2. alejarse de: …을 멀리하다
3. sacrificaban: sacrificar(제사하다)의 직/불완료과거/3/복수
4. ofrecían: ofrecer(제공하다)의 직/불완료과거/3/복수

29 DE OCTUBRE 10월 29일

그러나 내가 에브라임에게 걸음을 가르치고
내 팔로 안았음에도
내가 그들을 고치는 줄을
그들은 알지 못하였도다 (호 11:3)

Yo con todo eso enseñaba[1] a andar al mismo Efraín,
tomándole[2] de los brazos;
y no conoció[3]
que yo le cuidaba[4]. (V.R.)

Con todo, yo guié al pueblo de Efraín
y lo enseñé a caminar;
pero ellos no comprendieron que era yo
quien los cuidaba. (V.P.)

Yo, sin embargo, le enseñé
a andar a Efraím,
sujetándolo de los brazos,
pero ellos no entendieron que era yo
quien cuidaba de ellos. (S.L.)

해설

1. enseñaba: enseñar(가르치다)의 직/불완료과거/1/단수
2. tomándole: tomando(잡으면서)+le
3. conoció: conocer(알다)의 직/부정과거/3/단수
4. cuidaba: cuidar(조심하다)의 접/불완료과거/1/단수

내가 사람의 줄 곧 사랑의 줄로
그들을 이끌었고 그들에게 대하여
그 목에서 멍에를 벗기는 자 같이 되었으며
그들 앞에 먹을 것을 두었노라 (호 11:4)

Con cuerdas humanas los atraje[1],
con cuerdas de amor; y fui[2] para ellos
como los que alzan[3] el yugo de sobre su cerviz,
y puse[4] delante de ellos la comida. (V.R.)

Con lazos de ternura, con cuerdas de amor,
los atraje hacia mí; los acerqué a mis mejillas
como si fueran niños de pecho;
me incliné a ellos para darles de comer. (V.P.)

Yo los trataba con gestos de ternura,
como si fueran personas.
Era para ellos como quien les saca el bozal del hocico
y les ofrece en la mano el alimento. (S.L.)

해설

1. atraje: atraer(끌어당기다)의 직/부정과거/1/단수
2. fui: ser의 직/부정과거/1/단수
3. alzan: alzar(올리다)의 직/현/3/복수
4. puse: poner(놓다)의 직/부정과거/1/단수

01 DE NOVIEMBRE 11월 1일

그들은 애굽 땅으로 되돌아가지 못하겠거늘
내가 돌아오기를 싫어하니
앗수르 사람이 그 임금이 될 것이라 (호 11:5)

No volverá[1] a tierra de Egipto,
sino que el asirio mismo será su rey,
porque no se quisieron[2] convertir. (V.R.)

pero ellos no quisieron[2] volverse a mí.
Por eso tendrán[3] que[4] regresar a Egipto,
y Asiria reinará sobre ellos. (V.P.)

Pero, ya que no han querido volver a mí,
volverán de nuevo a Egipto
y tendrán[3] por rey a Asiria. (S.L.)

해설

1. volverá: volver(돌아가다)의 직/미/3/단수
2. quisieron: querer(원하다)의 직/부정과거/3/복수
3. tendrán: tener의 직/미/3/복수
4. tener que+inf.: …해야 한다
   Por eso tendrán que regresar a Egipto.
   그러므로 그들은 이집트로 돌아가야 할 것이다.

02 DE NOVIEMBRE 11월 2일

칼이 그들의 성읍들을 치며
빗장을 깨뜨려 없이하리니
이는 그들의 계책으로 말미암음이니라 (호 11:6)

Caerá[1] espada sobre sus ciudades,
y consumirá[2] sus aldeas;
las consumirá[2] a causa de sus propios consejos. (V.R.)

La espada caerá[1] sobre sus ciudades
y acabará[3] con sus fortalezas,
destruyéndolos[4] a causa de los planes que hacen. (V.P.)

La espada arrasará[5] sus ciudades,
exterminará[6] a sus hijos
y se saciará[7] con sus fortalezas. (S.L.)

해설

1. caerá: caer(떨어지다)의 직/미/3/단수
2. consumirá: consumir(없애다)의 직/미/3/단수
3. acabará: acabar(없이 하다)의 직/미/3/단수
4. destruyéndolos: destruir(파괴하다)의 현재 분사 destruyendo+los
5. arrasará: arrasar(부수다)의 직/미/3/단수
6. exterminará: exterminar(몰살하다)의 직/미/3/단수
7. se saciará: saciarse(싫증을 내다)의 직/미/3/단수

03 DE NOVIEMBRE 11월 3일

내 백성이 끝끝내 내게서 물러가나니
비록 그들을 불러 위에 계신 이에게로
돌아오라 할지라도 일어나는 자가 하나도 없도다 (호 11:7)

Entre tanto,
mi pueblo está adherido a la rebelión contra mí;
aunque me llaman[1] el Altísimo,
ninguno absolutamente me quiere enaltecer. (V.R.)

Mi pueblo persiste[2] en estar alejado de mí;
gritan[3] hacia lo alto,
pero nadie los ayuda[4]. (V.P.)

Mi pueblo está pagando[5] ahora su infidelidad;
pues invocan[6] a Baal,
pero nadie lo ayuda[4]. (S.L.)

해설

1. llaman: llamar(부르다)의 직/현/3/복수
2. persiste: persistir(고집하다)의 직/현/3/단수
3. gritan: gritar(외치다)의 직/현/3/복수
4. ayuda: ayudar(돕다)의 직/현/3/단수
5. está pagando: pagar(벌을 받다)의 3인칭 단수 현재 진행형
6. invocan: invocar(부르다)의 직/현/3/복수

에브라임이여 내가 어찌 너를 놓겠느냐
이스라엘이여 내가 어찌 너를 버리겠느냐
내가 어찌 너를 아드마 같이 놓겠느냐
어찌 너를 스보임 같이 두겠느냐
내 마음이 내 속에서 돌이키어 나의 긍휼이 온전히 불붙듯 하도다 (호 11:8)

¿Cómo podré[1] abandonarte, oh Efraín?
¿Te entregaré yo, Israel?
¿Cómo podré[1] yo hacerte como Adma, o ponerte como a Zeboim?
Mi corazón se conmueve dentro de mí,
se inflama toda mi compasión. (V.R.)

¿Cómo podré dejarte, Efraín?
¿Cómo podré abandonarte, Israel?
¿Podré destruirte como destruí la ciudad de Adma,
o hacer contigo lo mismo que hice con Zeboim?
¡Mi corazón está conmovido, lleno de compasión por ti! (V.P.)

¿Cómo voy a dejarte abandonado, Efraím?
¿Cómo no te voy a rescatar, Israel?
¿Será posible que te abandone como a Adma
o que te trate igual que a Seboim?
Mi corazón se conmueve y se remueven mis entrañas. (S.L.)

해설

1. podré: poder(할 수 있다)의 직/미/1/단수

05 DE NOVIEMBRE 11월 5일

내가 나의 맹렬한 진노를 나타내지 아니하며
내가 다시는 에브라임을 멸하지 아니하리니
이는 내가 하나님이요 사람이 아님이라
네 가운데 있는 거룩한 이니
진노함으로 네게 임하지 아니하리라 (호 11:9)

No ejecutaré[1] el ardor de mi ira,
ni volveré[2] para destruir a Efraín;
porque Dios soy, y no hombre,
el Santo en medio de ti; y no entraré en la ciudad. (V.R.)

No actuaré según el ardor de mi ira;
no volveré[2] a destruir a Efraín, porque yo soy Dios, no hombre.
Yo soy el Santo, que estoy en medio de ti,
y no he venido a destruirte. (V.P.)

No puedo dejarme llevar por mi indignación
y destruir a Efraím, pues soy Dios y no hombre.
Yo soy el Santo que está en medio de ti,
y no me gusta destruir. (S.L.)

해설

1. ejecutaré: ejecutar의 직/미/1/단수
2. volveré: volver의 직/미/1/단수

그들은 사자처럼 소리를 내시는
여호와를 따를 것이라
여호와께서 소리를 내시면
자손들이 서쪽에서부터 떨며 오되 (호 11:10)

En pos de Jehová caminarán[1];
él rugirá[2] como león;
rugirá,
y los hijos vendrán[3] temblando desde el occidente. (V.R.) 

Ellos seguirán al Señor,
y él rugirá como un león.
Rugirá,
y los suyos vendrán temblando de occidente. (V.P.)

Ustedes seguirán a Yavé,
que rugirá como león.
Sí, rugirá
y sus hijos vendrán temblorosos desde el occidente. (S.L.)

해설

1. caminarán: caminar(걷다)의 직/미/3/복수
2. rugirá: rugir(울다)의 직/미/3/단수
3. vendrán: venir(오다)의 직/미/3/복수

07 DE NOVIEMBRE 11월 7일

그들은 애굽에서부터 새 같이,
앗수르에서부터 비둘기 같이 떨며 오리니
내가 그들을 그들의 집에 머물게 하리라
나 여호와의 말이니라 (호 11:11)

Como ave acudirán[1] velozmente de Egipto,
y de la tierra de Asiria como paloma;
y los haré habitar[2] en sus casas,
dice Jehová. (V.R.)

Como aves, vendrán temblando de Egipto;
vendrán de Asiria, como palomas;
y haré que habiten de nuevo en sus casas.
Yo, el Señor, lo afirmo. (V.P.)

De Egipto acudirán como pájaros,
del país de Asur como palomas,
y haré que vuelvan a habitar sus casas.
Palabra de Yavé. (S.P.)

해설

1. acudirán: acudir의 직/미/3/복수
2. haré habitar: 내가 살게 하겠다
   haré: hacer(하다)의 직/미/1/단수
   hacer의 직설법 미래는 haré, harás, hará, haremos, haréis, harán
   hacer + '동사 원형' 은 사역으로 '…하게 하다'

에브라임은 거짓으로,
이스라엘 족속은 속임수로 나를 에워쌌으나
유다는 여전히 하나님과 거룩하고 신실한 자들에 대하여
정함이 없도다 (호 11:12)

Me rodeó[1] Efraín de mentira,
y la casa de Israel de engaño.
Judá aún gobierna[2] con Dios,
y es fiel con los santos. (V.R.)

Efraín me ha rodeado de mentiras;
me ha rodeado de engaños el pueblo de Israel.
Judá se ha separado de Dios,
y ahora es fiel a los ídolos. (V.P.)

Efraím me ha rodeado de mentira,
la gente de Israel de falsedad;
pero Judá sigue todavía a su Dios,
es fiel con el Santo. (S.L.)

해설

1. rodeó: rodear(에워싸다)의 직/부정과거/3/단수.
2. gobierna: gobernar의 직/현/3/단수.

09 DE NOVIEMBRE 11월 9일

에브라임은 바람을 먹이며 동풍을 따라가서
종일토록 거짓과 포학을 더하여
앗수르와 계약을 맺고
기름을 애굽에 보내도다 (호 12:1)

Efraín se apacienta[1] de viento, y sigue[2] al solano;
mentira y destrucción aumenta[3] continuamente;
porque hicieron[4] pacto con los asirios,
y el aceite se lleva a Egipto. (V.R.)

Efraín se alimenta de aire: todo el día va tras el viento del este.
Aumenta sus mentiras y violencias,
hace pactos con Asiria y manda regalos de aceite a Egipto. (V.P.)

Efraím se llena de viento, corre tras el viento de oriente,
sin cesar multiplica la mentira y la violencia,
hace alianza con Asiria y lleva perfumes a Egipto. (S.L.)

해설

1. se apacienta: apacentarse의 직/현/3/단수
2. sigue: seguir(따르다)의 직/현/3/단수
3. aumenta: aumentar(증가하다)의 직/현/3/단수
4. hicieron: hacer(하다)의 직/부정과거/3/복수. hacer pacto 협정을 맺다

10 DE NOVIEMBRE 11월 10일

여호와께서 유다와 논쟁하시고
야곱을 그 행실대로 벌하시며
그의 행위대로 그에게 보응하시리라 (호 12:2)

Pleito tiene Jehová con Judá
para castigar a Jacob conforme a[1] sus caminos;
le pagará[2] conforme a[1] sus obras. (V.R.)

El Señor le ha puesto pleito a Israel.
Va a castigar al pueblo de Jacob por su conducta;
le va a pagar como merecen sus acciones. (V.P.)

Yavé ha presentado una querella contra Israel,
va a tratar a Jacob conforme a su conducta
y le dará su merecido por lo que ha hecho. (S.L.)

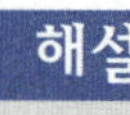

해설

1. conforme a: …에 따라, …에 의해
2. pagará: pagar(갚다, 지불하다)의 직/미/3/단수

11 DE NOVIEMBRE 11월 11일

이웃을 업신여기는 자는 죄를 범하는 자요
빈곤한 자를 불쌍히 여기는 자는
복이 있는 자니라 (잠 14:21)

Peca el que menosprecia[1] a su prójimo;
Mas el que tiene misericordia[2] de los pobres
es bienaventurado. (V.R.)

El que desprecia a su amigo
comete un pecado,
pero ¡feliz aquel que se compadece del pobre! (V.P.)

El que desprecia a su prójimo peca,
feliz el que se compadece de los pobres. (S.L.)

해설

1. el que menosprecia: 업신여기는 자
2. el que tiene misericordia: 불쌍히 여기는 자

나를 능하게 하신
그리스도 예수 우리 주께 내가 감사함은
나를 충성되이 여겨
내게 직분을 맡기심이니 (딤 1:12)

Doy gracias[1] al que me fortaleció[2],
a Cristo Jesús nuestro Señor,
porque me tuvo[3] por fiel,
poniéndome[4] en el ministerio, (V.R.)

Doy gracias a nuestro Señor Jesucristo,
el cual me ha dado fuerzas,
porque me ha considerado fiel
y me ha puesto a su servicio, (V.P.)

Doy gracias al que me da la fuerza,
a Cristo Jesús, nuestro Señor,
por haberme creído digno de confianza
y colocarme en el ministerio, (S.L.)

해설

1. doy gracias: 내가 감사하다
   dar gracias 감사하다
2. fortaleció: fortalecer의 직/부정과거/3/단수
3. tuvo: tener(가지다)의 직/부정과거/3/단수
   tener 동사의 직설법 부정과거는 tuve, tuviste, tuvo, tuvimos, tuvisteis, tuvieron
4. poniéndome: poniendo+me(나에게 놓다)

13 DE NOVIEMBRE 11월 13일

내가 전에는
비방자요 박해자요 폭행자였으나
도리어 긍휼을 입은 것은
내가 믿지 않을 때에
알지 못하고 행하였음이라 (딤 1:13)

habiendo yo sido antes
blasfemo, perseguidor e injuriador;
mas fui recibido a misericordia
porque lo hice[1] por ignorancia,
en incredulidad. (V.R.)

a pesar de que yo antes
decía cosas ofensivas contra él,
lo perseguía y lo insultaba.
Pero Dios tuvo misercordia de mí,
porque yo todavía no era creyente
y no sabía lo que había. (V.P.)

a pesar de que fui primero
blasfermo, perseguidor
y furioso contradictor. (S.L.)

해설

1. hice: hacer(행하다)의 직/부정과거/1/단수

우리 주의 은혜가
그리스도 예수 안에 있는
믿음과 사랑과 함께
넘치도록 풍성하였도다 (딤 1:14)

Pero la gracia de nuestro Señor
fue[1] más abundante
con la fe y el amor
que es en Cristo Jesús. (V.R.)

Y así nuestro Señor derramó
abundantemente su gracia sobre mí,
y me dio la fe y el amor
que tenemos por nuestra unión con Cristo Jesús. (V.P.)

Pero me tuvo compasión
porque entonces no tenía yo
la fe y no sabía lo que hacía;
y la gracia de nuestro Señor fue más fuerte todavía,
junto con la fe y el amor cristiano. (S.L.)

해설

1. fue: ser의 직/부정과거/3/단수

15 DE NOVIEMBRE 11월 15일

미쁘다 모든 사람이 받을 만한 이 말이여
그리스도 예수께서 죄인을 구원하시려고
세상에 임하셨다 하였도다
죄인 중에 내가 괴수니라 (딤 1:15)

Palabra fiel y digna de ser recibida[1] por todos;
que Cristo Jesús vino al mundo
para salvar a los pecadores,
de los cuales yo soy el primero. (V.R.)

Esto es muy cierto, y todos deben creerlo:
que Cristo Jesús vino al mundo
para salvar a los pecadores,
de los cuales yo soy el primero. (V.P.)

Esto es muy cierto y todos lo pueden creer:
que Cristo Jesús vino al mundo
para salvar a los pecadores,
de los cuales soy yo el primero. (S.L.)

해설

1. ser recibida: 받아지다

16 DE NOVIEMBRE 11월 16일

그러나 내가 긍휼을 입은 까닭은
예수 그리스도께서 내게 먼저 일체 오래 참으심을 보이사
후에 주를 믿어 영생 얻는 자들에게 본이 되게 하려 하심이라 (딤 1:16)

Pero por esto fui recibido a misericordia,
para que Jesucristo mostrase[1] en mí primero toda su clemencia,
para ejemplo de los que habrían de[2] creer en él
para vida eterna. (V.R.)

Por eso, Dios tuvo misericordia de mí:
para que Jesucristo mostrara en mí toda su paciencia.
Así yo vine a ser ejemplo de los que habían de creer en él
para obtener la vida eterna. (V.P.)

Por eso, a lo mejor, fui perdonado:
para que en mí primero,
se manifestara toda la generosidad de Cristo Jesús,
y fuera un ejemplo para todos aquellos
que ha de creer en él y llegar a la vida eterna. (S.L.)

해설

1. mostrase: mostrar(보이다)의 접/과거/3/단수
2. haber de+동사 원형: …하게 되다

17 DE NOVIEMBRE 11월 17일

영원하신 왕
곧 썩지 아니하고 보이지 아니하고
홀로 하나이신 하나님께
존귀와 영광이 영원무궁하도록
있을 지어다 아멘 (딤 1:17)

Por tanto, al Rey de los siglos[1],
inmortal, invisible,
al único y sabio Dios,
sea honor y gloria por los siglos de los siglos. Amén. (V.R.)

¡Demos honor y gloria
para siempre al Rey eterno,
al inmortal, invisible y único Dios!
Así sea. (V.P.)

Al Rey de los siglos,
al Dios único que vive más allá
de lo que parece y de lo que se ve,
a El honor y la gloria por los siglos de los siglos. Amén. (S.L.)

해설

1. Rey de los siglos: 영원하신 왕

18 DE NOVIEMBRE 11월 18일

아들 디모데야
내가 네게 이 교훈으로써 명하노니
전에 너를 지도한 예언을 따라
그것으로 선한 싸움을 싸우며 (딤 1:18)

Este mandamiento, hijo Timoteo, te encargo[1],
para que conforme a las profecías
que se hicieron[2] antes en cuanto a ti,
milites por ellas la buena milicia, (V.R.)

Timoteo, hijo mío,
te doy este encargo
para que pelees la buena batalla (V.P.)

Timodeo, hijo mío,
yo te mando que pelees el buen combate,
cumpliendo así las palabras de profetas
que fueron pronunciadas sobre ti. (S.L.)

해설

1. encargo: encargar(위임하다)의 직/현/1/단수
2. se hicieron: hacerse(되다)의 직/부정과거/3/복수

19 DE NOVIEMBRE 11월 19일

**믿음과 착한 양심을 가지라
어떤 이들은 이 양심을 버렸고
그 믿음에 관하여는 파선하였느니라 (딤 1:19)**

manteniendo[1] la fe y buena conciencia,
desechando[2] la cual naufragaron[3]
en cuanto a la fe algunos, (V.R.)

con fe y buena conciencia
conforme a lo que antes dijeron los hermanos
que hablaron de ti en nombre de Dios.
Algunos, por no haber hecho caso a su conciencia,
han fracasado en su fe. (V.P.)

Guarda la fe y la buena conciencia,
no como algunos que la despreciaron
hasta que naufragó su fe. (S.L.)

해설

1. manteniendo: mantener(유지하다)의 현재분사
2. desechando: desechar(버리다)의 현재분사
3. naufragaron: naufragar(파손하다)의 직/부정과거/3/복수

그 가운데 후메내오와 알렉산더가 있으니
내가 사탄에게 내준 것은
그들로 훈계를 받아
신성을 모독하지 못하게 하려 함이라 (딤 1:20)

de los cuales son Himeneo y Alejandro,
a quienes entregué[1] a Satanás
para que aprendan[2] a no blasfemar. (V.R.)

Esto les ha pasado a Himeneo y Alejandro,
a quienes he entregado a Satanás
para que aprendan
a no decir cosas ofensivas contra Dios. (V.P.)

Entre otros están Himeneo y Alejandro,
que tengo entregados a Satanás
para que se corrijan
y dejen de enseñar barbaridades. (S.L.)

해설

1. entregué: entregar(건네다)의 직/부정과거/1/단수
2. aprendar: aprender(배우다)의 접/현/3/복수

21 DE NOVIEMBRE 11월 21일

재물은 많은 친구를 더하게 하나
가난한즉 친구가 끊어지느니라 (잠 19:4)

Las riquezas traen[1] muchos amigos;
Mas el pobre es apartado de su amigo. (V.R.)

La riqueza atrae multitud de amigos,
pero el pobre hasta sus amigos pierde. (V.P.)

La riqueza multiplica los amigos,
pero el pobre se ve privado de su amigo. (S.L.)

해설

1. traen: traer(가져오다)의 직/현/3/복수

22 DE NOVIEMBRE 11월 22일

늙은 자들아 너희는 이것을 들을지어다
땅의 모든 주민들아
너희는 귀를 기울일지어다
너희의 날에나 너희 조상들의 날에
이런 일이 있었느냐 (욜 1:2)

Oíd esto, ancianos,
y escuchad[1], todos los moradores de la tierra.
¿Ha acontecido[2] esto en vuestros días,
o en los días de vuestros padres? (V.R.)

Oigan bien esto, ancianos,
y todos ustedes, habitantes del país.
¿Han visto ustedes nunca cosa semejante?
¿Se vio nunca cosa igual en tiempos de sus padres? (V.P.)

¡Oigan esto, ancianos!,
escuchan todos los habitantes del país:
¡Ha sucedido algo semejante en sus tiempos,
en tiempos de sus padres? (S.L.)

해설

1. escuchad: 너희들은 들어라
2. ha acontecido: acontecer(일어나다)의 직/현재완료/3/단수

23 DE NOVIEMBRE 11월 23일

너희는 이 일을 너희 자녀에게 말하고
너희 자녀는 자기 자녀에게 말하고
그 자녀는 후세에 말할 것이니라 (욜 1:3)

De esto contaréis[1] a vuestros hijos,
y vuestros hijos a sus hijos,
y sus hijos a la otra generación. (V.R.)

Cuéntenlo a sus hijos,
y que ellos lo cuenten a los suyos,
y éstos a los que nazcan después. (V.P.)

Cuéntenselo a sus hijos y a sus nietos
y a las generaciones venideras.
Lo que dejó el gusano, lo devoró la langosta; (S.L.)

해설

1. contaréis: contar(말하다)의 직/미/2/복수

24 DE NOVIEMBRE 11월 24일

팥중이가 남긴 것을 메뚜기가 먹고
메뚜기가 남긴 것을 느치가 먹고
느치가 남긴 것을
황충이 먹었도다 (욜 1:4)

Lo que quedó[1] de la oruga comió[2] el saltón,
y lo que quedó del saltón comió el revoltón;
y la langosta comió
lo que del revoltón había quedado[3]. (V.R.)

Todo se lo comieron las langostas:
lo que unas dejaron,
otras vinieron
y lo devoraron. (V.P.)

lo que dejó la langosta,
lo devoró el pulgón;
lo que dejó el pulgón,
lo devoró el grillo. (S.L.)

해설

1. quedó: quedar(남기다)의 직/부정과거/3/단수
2. comió: comer(먹다)의 직/부정과거/3/단수
3. había quedado: quedar의 직/과거완료/3/단수

25 DE NOVIEMBRE 11월 25일

취하는 자들아
너희는 깨어 울지어다
포도주를 마시는 자들아
너희는 울지어다
이는 단 포도주가 너희 입에서 끊어졌음이니 (욜 1:5)

Despertad[1], borrachos,
y llorad[2]; gemid[3],
todos los que bebéis vino,
a causa del mosto,
porque os es quitado de vuestra boca. (V.R.)

¡Ustedes, borrachos, despierten!
¡Échense a llorar,
bebedores de vino,
porque aun el jugo de la uva les van a quitar! (V.P.)

Despierten, borrachos, y lloren:
giman todos los bebedores de vino
porque se nos quitó de la boca el vino nuevo. (S.L.)

해설

1. despertad: 너희들은 깨어나라
2. llorad: 너희들은 울어라
3. gemid: 너희들은 신음해라

26 DE NOVIEMBRE 11월 26일

다른 한 민족이 내 땅에 올라왔음이로다
그들은 강하고 수가 많으며
그 이빨은 사자의 이빨 같고
그 어금니는 암사자의 어금니 같도다 (욜 1:6)

Porque pueblo fuerte e innumerable
subió[1] a mi tierra;
sus dientes de león,
y sus muelas, muelas de león. (V.R.)

Pues la langosta,
como un ejército fuerte y numeroso,
de dientes de león y colmillos de leona,
ha invadido mi país. (V.P.)

Una nación poderosa e innumerable
ha invadido mis país;
sus dientes son
como dientes de león,
y temen colmillos de leona. (S.L.)

해설

1. subió: subir(올라오다)의 직/부정과거/3/단수

그들이 내 포도나무를 멸하며
내 무화과나무를 긁어
말갛게 벗겨서 버리니
그 모든 가지가 하얗게 되었도다 (욜 1:7)

Asoló[1] mi vid,
y descortezó[2] mi higuera;
del todo la desnudó[3];
sus ramas quedaron[4] blancas. (V.R.)

Ha destruido nuestros viñedos,
ha destrozado nuestras higueras;
las ha pelado por completo,
hasta dejar blancas sus ramas. (V.P.)

En ruinas
ha dejado mi viña
y ha destrozado mis higueras. (S.L.)

해설

1. asoló: asolar(황폐시키다)의 직/부정과거/3/복수
2. descortezó: descortezar(껍질을 벗기다)의 직/부정과거/3/단수
3. desnudó: desnudar(벗기다)의 직/부정과거/3/단수
4. quedaron: quedar(되다)의 직/부정과거/3/복수

너희는 처녀가 어렸을 적에
약혼한 남자로 말미암아
굵은 베로 동이고 애곡함 같이 할지어다 (욜 1:8)

Llora[1] tú
como joven vestida de cilicio
por el marido de su juventud. (V.R.)

Como novia que llora
y se viste de luto
por la muerte de su prometido, (V.P.)

¡Laméntate
como la joven que,
recién casada, llora por su esposo! (S.L.)

1. llora: llorar(울다)의 직/현/3/단수
tú의 긍정명령

29 DE NOVIEMBRE 11월 29일

소제와 전제가
여호와의 성전에서 끊어졌고
여호와께 수종드는 제사장은
슬퍼하도다 (욜 1:9)

Desapareció[1] de la casa de Jehová
la ofrenda y la libación;
los sacerdotes ministros de Jehová
están de duelo. (V.R.)

así lloran los sacerdotes
porque en el templo ya no hay
cereales ni vino
para las ofrendas del Señor. (V.P.)

No hay fruto
que ofrecer en la Casa de Yavé,
de duelo están
los ministros de Yavé. (S.L.)

해설

1. desapareció: desaparecer(사라지다)의 직/부정과거/3/단수

밭이 황무하고 토지가 마르니
곡식이 떨어지며
새 포도주가 말랐고
기름이 다하였도다 (욜 1:10)

El campo está asolado, se enlutó[1] la tierra;
porque el trigo fue destruido,
se secó[2] el mosto,
se perdió[3] el aceite. (V.R.)

Los campos están desolados; las tierras están de luto.
El trigo se ha perdido,
los viñedos se han secado
y los olivos están marchitos. (V.P.)

El campo ha sido desolado, de duelo está la tierra
porque la cosecha del trigo ha sido perdida;
ha faltado el vino
y el aceite se nos ha terminado. (S.L.)

해설

1. se enlutó: enlutarse(그늘지다)의 직/부정과거/3/단수
2. se secó: secarse(마르다)의 직/부정과거/3/단수
3. se perdió: perderse(다하다)의 직/부정과거/3/단수

01 DE DICIEMBRE 12월 1일

농부들아 너희들은 부끄러워할지어다
포도원을 가꾸는 자들아 곡할지어다
이는 밀과 보리 때문이라
밭의 소산이 다 없어졌음이로다 (욜 1:11)

Confundíos[1], labradores;
gemid[2], viñeros,
por el trigo y la cebada,
porque se perdió[3] la mies del campo. (V.R.)

Ustedes, los que trabajan en campos y viñedos,
lloren entristecidos,
pues se echaron a perder las siembras
y las cosechas de trigo y de cebada. (V.P.)

Avergüéncense, labradores;
giman, viñadores,
por el trigo y la cebada,
porque la cosecha de los campos está perdida. (S.L.)

해설

1. confundíos: confundirse(당황하다)의 vosotros의 긍정명령
2. gemid: gemir(신음하다)의 vosotros의 긍정명령
3. se perdió: perderse(없어지다)의 직/부정과거/3/단수

02 DE DICIEMBRE 12월 2일

포도나무가 시들었고 무화과나무가 말랐으며
석류나무와 대추나무와 사과나무와 밭의 모든 나무가 다 시들었으니
이러므로 사람의 즐거움이 말랐도다 (욜 1;12)

La vid está seca, y pereció[1] la higuera;
el granado también, la palmera y el manzano;
todos los árboles del campo se secaron[2],
por lo cual se extinguió[3] el gozo de los hijos de los hombres. (V.R.)

Se han secado los viñedos y se han perdido las higueras.
Secos quedaron también
los granados, las palmeras, los manzanos
y todos los árboles del campo.
¡Así se ha perdido la alegría de toda la gente! (V.P.)

La viña se ha sacado y la higuera languidece;
el granado, la palmera y el manzano,
todos los árboles del campo están secos,
y se nos fue la alegría, como avergonzada. (S.L.)

해설

1. pereció: perecer(시들다)의 직/부정과거/3/단수
2. se secaron: secarse(마르다)의 직/부정과거/3/복수
3. se extinguió: extinguirse(전멸되다)의 직/부정과거/3/단수

DE DICIEMBRE 12월 3일

제사장들아 너희는 굵은 베로 동이고 슬피 울지어다
제단에 수종드는 자들아 너희는 울지어다
내 하나님께 수종드는 자들아
너희는 와서 굵은 베옷을 입고 밤이 새도록 누울지어다
이는 소제와 전제를 너희 하나님의 성전에 드리지 못함이로다 (욜 1:13)

Ceñíos[1] y lamentad[2], sacerdotes; gemid, ministros del altar;
venid, dormid en cilicio, ministros de mi Dios;
porque quitada es de la casa de vuestro Dios
la ofrenda y la libación. (V.R.)

Ustedes, sacerdotes, ministros del altar,
vístanse de ropas ásperas y lloren de dolor,
porque en el tiempo de su Dios
ya no hay cereales ni vino para las ofrendas. (V.P.)

Pónganse su cinturón, sacerdotes, y laméntense,
Lloren, ministros del Señor.
Vengan a pasar la noche cubiertos de saco, ministros de mi Dios.
Ya no se ven ofrendas ni vino en la casa de su Dios. (S.L.)

해설

1. ceñíos: ceñirse(동이다)의 vosotros의 명령
2. lamentad: lamentar(슬피 울다)의 vosotros의 명령

**너희는 금식일을 정하고 성회를 소집하여
장로들과 이 땅의 모든 주민들을
너희 하나님의 여호와의 성전으로 모으고
여호와께 부르짖을지어다 (욜 1:14)**

Proclamad[1] ayuno, convocad[2] a asamblea;
congregad[3] a los ancianos
y a todos los moradores de la tierra
en la casa de Jehová vuestro Dios,
y clamad[4] a Jehová. (V.R.)

Convoquen al pueblo y proclamen ayuno;
junten en el templo del Señor su Dios
a los ancianos y a todos los habitantes del país,
e invoquen al Señor.

Proclamen un ayuno y una asamblea santa,
congreguen a los ancianos
y a toda la gente del campo en la Casa de Yavé su Dios,
y clamen a él. (S.L.)

해설

1. proclamad: proclamar(공포하다)의 vosotros의 명령
2. convocad: convocar(소집하다)의 vosotros의 명령
3. congregad: congregar(모으다)의 vosotros의 명령
4. clamad: clamar(부르짖다)의 vosotros의 명령

05 DE DICIEMBRE 12월 5일

슬프다 그 날이여
여호와의 날이 가까웠나니
곧 멸망 같이 전능자에게로부터 이르리로다 (욜 1:15)

¡Ay del día!
porque cercano está el día de Jehová,
y vendrá[1] como destrucción por el Todopoderoso. (V.R.)

¡Ay, se acerca el día del Señor!
¡Día terrible, que nos trae destrucción
de parte del Todopoderoso! (V.P.)

¡Ay, se acerca el Día,
el Día de Yavé!
Será como una devastación mandada
por el Todopoderoso. (S.L.)

해설

1. vendrá: venir(오다)의 직/미/3/단수
venir 동사는 직설법 미래가 불규칙으로 vendré, vendrás, vendrá, vendremos, vendréis, vendrán

06 DE DICIEMBRE 12월 6일

먹을 것이 우리 눈앞에 끊어지지 아니하였느냐
기쁨과 즐거움이 우리 하나님의 성전에서
끊어지지 아니하였느냐 (욜 1:16)

¿No fue arrebatado[1] el alimento
de delante de nuestros ojos,
la alegría, y el placer de la casa de nuestro Dios? (V.R.)

Ante nuestros ojos nos quitaron la comida,
y se acabó la alegría
en el templo de nuestro Dios. (V.P.)

Ya no vemos con qué mantenernos
y toda alegría ha huido
de la casa de nuestro Dios. (S.L.)

해설

1. fue arrebatado: arrebatar(빼앗다)의 수동

07 DE DICIEMBRE 12월 7일

씨가 흙덩이 아래에서 썩어졌고
창고가 비었고
곳간이 무너졌으니
이는 곡식이 시들었음이로다 (욜 1:17)

El grano se pudrió[1] debajo de los terrones,
los graneros fueron asolados,
los alfolíes destruidos;
porque se secó[2] el trigo. (V.R.)

La semilla murió en el surco,
el trigo se ha perdido
y los graneros están en ruinas. (V.P.)

La semilla se secó debajo de los terrones,
los graneros están vacíos
y las granjas arruinadas porque no hay grano. (S.L.)

해설

1. se pudrió: pudrirse(썩다)의 직/부정과거/3/단수
2. se secó: secarse(마르다)의 직/부정과거/3/단수

DE DICIEMBRE 12월 8일

가축이 울부짖고
소 떼가 소란하니
이는 꼴이 없음이라
양 떼도 피곤하도다 (욜 1:18)

¡Cómo gimieron[1] las bestias!
¡cuán turbados anduvieron[2] los hatos de los bueyes,
porque no tuvieron[3] pastos!
También fueron asolados los rebaños de las ovejas. (V.R.)

¡Cómo muge el ganado!
En vano buscan pasto las vacas;
los rebaños se ovejas
se están muriendo. (V.P.)

¡Cómo mugen los animales!
Las manadas de bueyes andan locas
porque no tienen pasto,
y perecen los rebaños. (S.L.)

해설

1. gimieron: gemir(신음하다)의 직/부정과거/3/복수
2. anduvieron: andar(걷다)의 직/부정과거/3/복수
3. tuvieron: tener(가지다)의 직/부정과거/3/복수

09 DE DICIEMBRE 12월 9일

여호와여
내가 주께 부르짖으오니
불이 목장의 풀을 살랐고
불꽃이 들의 모든 나무를 살랐음이니이다 (욥 1:19)

A ti, oh Jehová,
clamaré[1];
porque fuego consumió[2] los pastos del desierto,
y llama abrasó[3] todos los árboles del campo. (V.R.)

¡A ti clamo, Señor,
pues el fuego ha quemado
la hierba del desierto
y los árboles del campo! (V.P.)

Oh Yavé,
a ti clamo,
porque el fuego ha consumido
los árboles del campo. (S.L.)

1. clamaré: clamar(부르짖다)의 직/미/1/단수
2. consumió: consumir(없애다)의 직/부정과거/3/단수
3. abrasó: abrasar(불에 태우다)의 직/부정과거/3/단수

10 DE DICIEMBRE 12월 10일

들짐승도 주를 향하여 헐떡거리오니
시내가 다 말랐고
들의 풀이 탔음이니이다 (욜 1:20)

Las bestias del campo bramarán[1] también a ti,
porque se secaron[2] los arroyos de las aguas,
y fuego consumió[3] las praderas del desierto. (V.R.)

Aun los animales salvajes clamaron a ti,
porque se han secado los arroyos
y el fuego quema los pastizales. (V.P.)

Hasta las bestias del campo se vuelven a ti ávidas
porque se han secado los arroyos
y el fuego ha devorado los prados del llano. (S.L.)

해설

1. bramarán: bramar(포효하다)의 직/미/3/복수
2. se secaron: secarse(마르다)의 직/부정과거/3/복수
3. consumió: consumir(다 태워 버리다)의 직/부정과거/3/단수

11 DE DICIEMBRE 12월 11일

유순한 대답은
분노를 쉬게 하여도
과격한 말은
노를 격동하느니라 (잠 15:1)

La blanda respuesta
quita[1] la ira;
Mas la palabra áspera
hace subir[2] el furor. (V.R.)

La respuesta amable
calma el enojo;
la respuesta violenta
lo excita más. (V.P.)

Una respuesta amable
calma el enojo,
una palabra hiriente
hace aumentar la cólera. (S.L.)

해설

1. quita: quitar(빼앗다)의 직/현/3/단수
2. hace subir: 오르게 하다

내 형제들아
너희는 선생된 우리가
더 큰 심판을 받을 줄 알고
선생이 많이 되지 말라 (약 3:1)

Hermanos míos,
no hagáis[1] maestros muchos de vosotros,
sabiendo[2] que recibiremos[3] mayor condenación. (V.R.)

Hermanos míos,
no haya entre ustedes tantos maestros,
pues ya saben que quienes enseñamos juzgados
con más severidad. (V.P.)

Hermanos,
que no sean muchos los maestros entre ustedes;
sepan que los maestros seremos jusgados
con más severidad, (S.L.)

해설

1. no hagáis: 너희들은 되지 말라
2. sabiendo: saber(알다)의 현재분사
3. recibiremos: recibir(받다)의 직/미/1/복수

13 DE DICIEMBRE 12월 13일

우리가 다 실수가 많으니
만일 말에 실수가 없는 자라면
곧 온전한 사람이라
능히 온 몸도 굴레 씌우리라 (약 3:2)

Porque todos ofendemos[1] muchas veces.
Si alguno no ofende[2] en palabra,
ése es varón perfecto,
capaz también de refrenar todo el cuerpo. (V.R.)

Todos cometemos muchos errores;
ahora bien, si alguien no comete ningún error en lo que dice,
es un hombre perfecto,
capaz también de controlar todo su cuerpo. (V.P.)

y no olviden que, como todos, cometemos errores.
Si alguien no peca con su lengua,
es un hombre perfecto,
capaz de dominar toda su persona. (S.L.)

해설

1. ofendemos: ofender(실수하다)의 직/현/1/복수
2. ofende: ofender의 직/현/3/단수

우리가 말들의 입에 재갈을 물리는 것은
우리에게 순종하게 하려고
그 온 몸을 제어하는 것이라 (약 3:3)

He aquí nosotros ponemos[1] freno
en la boca de los caballos
para que nos obedezcan[2],
y dirigimos[3] así todo su cuerpo. (V.R.)

Cuando ponemos freno
en la boca a los caballos
para que nos obedezcan,
controlamos todo su cuerpo. (V.P.)

A los caballos les ponemos un freno
en el hocico para dominarlos:
con el freno sometemos todo su cuerpo. (S.L.)

해설

1. ponemos: poner(놓다)의 직/현/1/복수
2. obedezcan: obedecer(복종하다)의 접/현/3/복수
3. dirigimos: dirigir(제어하다)의 직/현/1/복수

15 DE DICIEMBRE 12월 15일

또 배를 보라
그렇게 크고 광풍에 밀려가는 것들을
지극히 작은 키로써
사공의 뜻대로 운행하나니 (약 3:4)

Mirad[1] también las naves;
aunque tan grandes, y llevadas de impetuosos vientos,
son gobernadas con un muy pequeño timón
por donde el que las gobierna[2] quiere[3]. (V.R.)

Y fíjense también en los barcos:
aunque son tan grandes
y los vientos que los empujan son fuertes,
los pilotos, con un pequeño timón,
los guían por donde quieren. (V.P.)

Lo mismo los barcos:
por grandes que sean y estén impulsados
por fuertes vientos,
el piloto los maneja con un pequeño timón. (S.L.)

해설

1. mirad: mirar(보다)의 vosotros의 명령
2. gobierna: gobernar(운행하다)의 직/현/3/단수
3. quiere: querer(원하다)의 직/현/3/단수

16 DE DICIEMBRE 12월 16일

이와 같이 혀도 작은 지체로되
큰 것을 자랑하도다
보라
얼마나 작은 불이 얼마나 많은 나무를 태우는가 (약 3:5)

Así también la lengua es un miembro pequeño,
pero se jacta[1] de grandes cosas.
He aquí,
¡cuán grande bosque enciende[2] un pequeño fuego! (V.R.)

Lo mismo pasa con la lengua;
es una parte muy pequeña del cuerpo,
pero se cree capaz de grandes cosas.
¡Qué bosque tan grande puede quemarse
por causa de un pequeño fuego! (V.P.)

Del mismo modo, la lengua es algo pequeño,
pero que puede mucho.
Basta una llama pequeña
para incendiar un bosque inmenso. (S.L.)

해설

1. se jacta: jactarse(자랑하다)의 직/현/3/단수
2. enciende: encender(태우다)의 직/현/3/단수

17 DE DICIEMBRE 12월 17일

혀는 곧 불이요 불의의 세계라
혀는 우리 지체 중에서
온 몸을 더럽히고 삶의 수레바퀴를 불사르나니
그 사르는 것이 지옥 불에서 나느니라 (약 3:6)

Y la lengua es un fuego, un mundo de maldad.
La lengua está puesta entre nuestros miembros,
y contamina[1] todo el cuerpo, e inflama[2] la rueda de la creación,
y ella misma es inflamada por el infierno. (V.R.)

Y la lengua es un fuego.
Es un mundo de maldad puesto en nuestro cuerpo,
que contamina a toda la persona.
Está encendida por el infierno mismo,
y a su vez hace arder todo el curso de la vida. (V.P.)

La lengua también es un fuego.
Es un mundo de maldad nuestra lengua;
mancha a toda la persona
y comunica el fuego del infierno a toda nuestra vida. (S.L.)

해설

1. contamina: contaminar(더럽히다)의 직/현/3/단수
2. inflama: inflamar(불태우다)의 직/현/3/단수

여러 종류의 짐승과 새와 벌레와
바다의 생물은 다 사람이 길들일 수 있고
길들여 왔거니와 (약 3:7)

Porque toda naturaleza de bestias, y de aves,
y de serpientes,
y de seres del mar, se doma[1] y ha sido domada[2]
por la naturaleza humana; (V.R.)

El hombre es capaz de dominar
toda clase de fieras,
de aves, de serpientes y de animales del mar,
y los ha dominado; (V.P.)

Animales salvajes y pájaros, reptiles
y animales marinos de toda clase son
y han sido dominados por el hombre. (S.L.)

해설

1. se doma: domarse(길들여지다)의 직/현/3/단수
2. ha sido domada: domar(길들이다)의 현재완료 수동

19 DE DICIEMBRE 12월 19일

혀는 능히 길들일 사람이 없나니
쉬지 아니하는 악이요
죽이는 독이 가득한 것이라 (약 3:8)

pero ningún hombre puede[1] domar la lengua,
que es un mal que no puede ser refrenado[2],
llena de veneno mortal. (V.R.)

pero nadie ha podido dominar la lengua.
Es un mal que no se deja dominar
y que está lleno de veneno mortal. (V.P.)

La lengua, por el contrario,
nadie puede dominarla:
es un látigo incansable,
lleno de mortal veneno. (S.L.)

해설

1. puede: poder(할 수 있다)의 직/현/3/단수
2. ser refrenado: refrenar(억누르다)의 수동

이것으로 우리가 주 아버지를 찬송하고
또 이것으로 하나님의 형상대로
지음을 받은 사람을 저주하나니 (약 3:9)

Con ella bendecimos[1] al Dios y Padre,
y con ella maldecimos[2] a los hombres,
que están hechos a la semejanza de Dios. (V.R.)

Con la lengua,
lo mismo bendecimos a nuestro Dios y Padre,
que maldecimos a los hombres creados por Dios
a su propia imagen. (V.P.)

Con ella bendecimos a Dios Padre
y con ella maldecimos a los hombres hechos
a imagen de Dios. (S.L.)

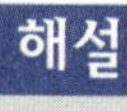
해설

1. bendecimos: bendecir(찬송하다)의 직/현/1/복수
2. maldecimos: maldecir(저주하다)의 직/현/1/복수

한 입에서 찬송과 저주가 나오는 도다
내 형제들아
이것이 마땅하지 아니하니라
샘이 한 구멍으로 어찌 단 물과 쓴 물을 내겠느냐 (약 3:10-11)

De una misma boca proceden[1] bendición y maldición.
Hermanos míos,
esto no debe ser así.
¿Acaso alguna fuente echa[2] por una misma abertura
agua dulce y amarga? (V.R.)

De la misma boca salen bendiciones y maldiciones.
Hermanos míos, esto no debe ser así.
De un mismo manantial no puede brotar
a la vez agua dulce y agua amarga. (V.P.)

De la misma boca salen la bendición y la maldición,
Hermanos, no puede ser así.
¿Puede brotar de la misma fuente agua dulce y agua amarga? (S.L.)

해설

1. proceden: proceder(나오다)의 직/현/3/복수
2. echa: echar(쏟다)의 직/현/3/단수

내 형제들아
어찌 무화과나무가 감람 열매를,
포도나무가 무화과를 맺겠느냐
이와 같이
짠 물이 단 물을 내지 못하느니라 (약 3:12)

Hermanos míos,
¿puede[1] acaso la higuera producir aceitunas,
o la vid higos?
Así también
ninguna fuente puede dar agua salada y dulce? (V.R.)

Así como una higuera no puede dar aceitunas
ni una vid puede dar higos, tampoco,
hermanos míos, puede dar agua dulce
un manantial de agua salada. (V.P.)

¿Puede una higuera producir
aceitunas o la vid higos?
Tampoco el mar puede dar agua dulce? (S.L.)

해설

1. puede: poder(할 수 있다)의 직/현/3/단수

23 DE DICIEMBRE 12월 23일

사랑하는 자들아
주께는 하루가 천 년 같고
천 년이 하루 같다는
이 한 가지를 잊지 말라 (벧후 3:8)

Mas, oh amados,
no ignoréis[1] esto:
que para con el Señor un día es como mil años,
y mil años como un día. (V.R.)

Además, queridos hermanos,
no olviden
que para el Señor un día es como mil años,
y mil años como un día. (V.P.)

Hay un punto, hermanos,
que no deben ignorar
y es que delante del Señor un día es como mil años
y mil años son como un día. (S.L.)

해설

1. no ignoréis: 너희들은 알아라
ignoréis: ingorar(모르다)의 접/현/2/복수

그러나 주의 날이 도둑 같이 오리니
그 날에는 하늘이 큰 소리로 떠나가고
물질이 뜨거운 불에 풀어지고
땅과 그 중에 있는 모든 일이 드러나리로다 (벧후 3:10)

Pero el día del Señor vendrá[1] como ladrón en la noche;
en el cual los cielos pasarán[2] con grande estruendo,
y los elementos ardiendo serán[3] deshechos,
y la tierra y las obras que en ella hay serán quemadas. (V.R.)

Pero el día del Señor vendrá como un ladrón.
Entonces los cielos se desharán con un ruido espantoso,
los elementos serán destruidos por el fuego,
y la tierra, con todo lo que hay en ella,
quedará sometida al juicio de Dios. (V.P.)

Llegará, sin embargo, el día del Señor, como un ladrón.
Entonces los cielos se disolverán con gran ruido.
Los elementos se derretirán por el fuego,
y la tierra con todo lo que encierra quedará consumida. (S.L.)

해설

1. vendrá: venir(오다)의 직/미/3/단수
2. pasarán: pasar(지나가다)의 직/미/3/복수
3. serán: ser의 직/미/3/복수

25 DE DICIEMBRE 12월 25일

그러므로 사랑하는 자들아
너희가 이것을 바라보나니
주 앞에서 점도 없고 흠도 없이
평강 가운데서 나타나기를 힘쓰라 (벧후 3:14)

Por lo cual, oh amados,
estando en espera de estas cosas,
procurad[1] con diligencia ser hallados por él
sin mancha e irreprensibles, en paz. (V.R.)

Por eso, queridos hermanos,
mientras esperan estas cosas,
hagan todo lo posible
para que Dios los encuentre en paz,
sin mancha ni culpa. (V.P.)

Por eso, queridos hermanos,
durante esta espera,
esfuércense
para que Dios los halle sin mancha ni culpa,
viviendo en paz. (S.L.)

해설

1. procurad: procurar(애쓰다)의 vosotros의 명령

오직 우리 주 곧 구주 예수 그리스도의 은혜와
그를 아는 지식에서 자라 가라
영광이 이제와 영원한 날까지 그에게
있을지어다 (벧후 3:18)

Antes bien, creced[1] en la gracia
y el conocimiento de nuestro Señor y Salvador Jesucristo.
A él sea[2] gloria ahora y hasta el día de la eternidad.
Amén. (V.R.)

Pero conozcan mejor a nuestro Señor y Salvador Jesucristo
y crezcan en su amor.
¡Gloria a él a hora y para siempre!
Así sea. (V.P.)

Crezcan en la gracia y el conocimiento
de nuestro Señor y Salvador Jesucristo:
a él la gloria, ahora y hasta el día de la eternidad.
Amén. (S.L.)

해설

1. creced: crecer(자라다)의 vosotros의 명령
2. sea: ser의 접/현/3/단수

아이들아 지금은 마지막 때라
적그리스도가 오리라는 말을 너희가 들은 것과 같이
지금도 많은 적그리스도가 일어났으니
그러므로 우리가 마지막 때인 줄 아노라 (요1 2:18)

Hijitos, ya es el último tiempo;
y según vosotros oísteis[1] que el anticristo viene,
así ahora han surgido[2] muchos anticristos;
por esto conocemos que es el último tiempo. (V.R.)

Hijitos, ésta es la hora última.
Ustedes han oído de uno
que viene y que es enemigo de Cristo;
pues bien, ahora han aparecido muchos enemigos de Cristo.
Por eso sabemos que es la hora última. (V.P.)

Hijos míos, es la última hora,
y se les dijo que llegaría un Anticristo;
pero ya han venido varios anticristos,
por donde comprobamos que ésta es la última hora. (S.L.)

해설

1. oíste: oír(듣다)의 직/부정과거/2/단수
2. han surgido: surgir(나타나다)의 직/현재완료/3/복수

28 DE DICIEMBRE 12월 28일

여호와는 나의 사랑이시오 나의 요새이시오
나의 산성이시오 나를 건지시는 이시오
나의 방패이시니 내가 그에게 피하였고
그가 내 백성을 내게 복종하게 하셨나이다 (시 144:2)

Misericordia mía y mi castillo,
Fortaleza mía y mi libertador,
Escudo mío, en quien he confiado[1];
El que sujeta[2] a mi pueblo debajo de mí. (V.R.)

El es mi amigo fiel, mi lugar de protección,
mi más alto escondite, mi libertador;
él es mi escudo, y con él me protejo;
él es quien pone a los pueblos bajo mi poder. (V.P.)

Refugio y defensa mía,
mi fortaleza y mi libertador.
Escudo en que me amparo,
El que postra los pueblos a mis pies. (S.L.)

해설

1. he confiado: confiar(믿다)의 직/현재완료/1/단수
2. sujeta: sujetar(복종하다)의 직/현/3/단수

29 DE DICIEMBRE 12월 29일

의인의 길은 돋는 햇살 같아서
크게 빛나 한낮의 광명에 이르거니와
악인의 길은 어둠 같아서
그가 걸려 넘어져도
그것이 무엇인지 깨닫지 못하느니라 (잠 4:18-19)

Mas la senda de los justos es como la luz de la aurora,
Que va en aumento hasta que el día es perfecto.
El camino de los impíos es como la oscuridad;
No saben[1] en qué tropiezan[2]. (V.R.)

El camino de los justos es como la luz de un nuevo día:
va en aumento hasta brillar en todo su esplendor.
Pero el camino de los malvados es oscuro;
¡ni siquiera saben contra qué tropiezan! (V.P.)

El camino de los malos es como tinieblas;
no advierten lo que los hará tropezar.
En cambio, la senda de los justos es como luz del alba,
que va en aumento y crece hasta el mediodía. (S.L.)

해설

1. saben: saber(알다)의 직/현/3/복수
2. tropiezan: tropezar(부딪치다)의 직/현/3/복수

너희가 내 안에 거하고
내 말이 너희 안에 거하면
무엇이든지 원하는 대로 구하라
그리하면 이루리라 (요 15:7)

Si permanecéis[1] en mí,
y mis palabras permanecen[2] en vosotros,
pedid[3] todo lo que queréis[4],
y os será hecho[5]. (V.R.)

Si ustedes permanecen unidos a mí,
y si permanecen fieles a mis enseñanzas,
pidan lo que quieran
y se les dará. (V.P.)

Si se quedan en mí,
y mis palabras permanecen en ustedes,
todo lo que deseen lo pedirán,
y se les concederá. (S.L.)

해설

1. permanecéis: permanecer(움직이지 않다)의 직/현/2/복수
2. permanecen: permanecer의 직/현/3/복수
3. pedid: pedir(구하다)의 vosotros의 명령
4. queréis: querer(원하다)의 직/현/2/복수
5. será hecho: 이루어질 것이다

31 DE DICIEMBRE 12월 31일

선한 사람은 마음에 쌓은 선에서 선을 내고
악한 자는 그 쌓은 악에서 악을 내나니
이는 마음에 가득한 것을 입으로 말함이니라 (눅 6:45)

El hombre bueno, del buen tesoro de su corazón saca[1] lo bueno;
y el hombre malo, del mal tesoro de su corazón saca lo malo;
porque de la abundancia del corazón habla la boca. (V.R.)

El hombre bueno dice cosas buenas
porque el bien está en su corazón,
y el hombre malo dice cosas malas
porque el mal está en su corazón.
Pues de lo que abunda en su corazón habla su boca. (V.P.)

El hombre bueno saca cosas buenas del tesoro que tiene adentro,
y el que es malo, de su fondo malo saca cosas malas;
porque su boca habla de lo que abunda en el corazón. (S.L.)

해설

1. saca: sacar(내다)의 직/현/3/단수

부록

스페인어 – 한국어 단어
한국어 – 스페인어 단어

약자

adj.	형용사
adv.	부사
conj.	접속사
f.	여성명사
inf.	동사원형
interj.	감탄사
intr.	자동사
m.	남성명사
prep.	전치사
r.	재귀동사
tr.	타동사

스페인어-한국어 단어

aborrecer tr. 증오하다
abrir tr. 열다
abrirse r. 열리다
abundancia f. 풍부함
abundante adj. 풍부한
abundar intr. 풍부하다
acercarse r. 가깝다, 가까워지다
actuar intr. 행동하다, 행하다
adúltera f. 음부(淫婦)
adulterio m. 간음, 간통
cometer adulterio 간음하다
adúltero m. 간부(姦夫)
agregar tr. 더하다
agua f. 물
ahora adv. 지금, 오늘
alabar tr. 칭찬하다, 감사하다
alegrarse r. 기쁘다, 기뻐하다, 즐거워하다.
alegrarse de+inf. …해서 기쁘다.
algún adj. alguno의 o 탈락형
alguno, na adj. 어떤
algunos, nas 약간의, 일부의
alma f. 마음
alterarse r. 동요하다
altivo m. 교만한 자
altura f. 높은 곳
amar tr. 사랑하다
ambicioso m. 탐욕을 부리는 자
amén interj. 아멘
amigo m. 친구, 이웃
amistad f. 우정; 친구
amor m. 사랑, 인자하심
anticristo, Anticristo m. 적그리스도
añadir tr. 더하다
aprovechador, ra adj. 이용하는
aprovechar tr. 이용하다
árbol m. 나무
asegurar tr. 확인하다
atención f. 주의, 조심
atender tr. 주의하다
ayuda f. 도움
ayudar tr. 돕다

bautismo m. 세례
bautizar tr. 세례를 주다
bendición f. 찬송, 축복
bendecir tr. 축복하다
bien m. 선(善)
blasfemar tr. 모독하다
boca f. 입
bosque m. 숲, 나무
brotar intr. 나오다
buen adj. 좋은 ((bueno의 o 탈락형))

bueno, na adj. 좋은, 선한
lo bueno 선(善)
buscar tr. 찾다, 구하다

caer intr. 떨어지다
callarse r. 조용히 하다
caminar intr. 걷다, 행하다
  caminando 걸어서
  caminar con sabiduría 지혜롭게 행하다
  caminar en sabiduría 지혜롭게 행하다
camino m. 길
carne f. 육체
casado, da adj. 결혼한
  mujer casada 결혼한 여인
castigo m. 벌, 형벌
causa f. 이유, 원인
  a causa de … 때문에
cielo m. 하늘
  el cielo y la tierra 천지
ciencia f. 지식
cierto adj. 확실한
  de cierto 진실로
cierva f. ((동물)) 사슴, 암사슴
ciervo m. ((동물)) 사슴
ciudad f. 성(城)
clamor m. 울부짖음
codicioso m. 탐욕을 부리는 자
cometer tr. 범하다
  cometer adulterio 간음하다
comienzo m. 시작, 태초

cómo adv. 어떻게
confesar tr. 시인하다
confiar tr. 믿다
conocimiento m. 지식, 앎
consagrado, da adj. 거룩한
cosecha f. 수확
consejo m. 훈계, 충고
conservar tr. 보존하다; 유지하다
constructor m. 건축자, 건축가
construir tr. 세우다
contestar tr., intr. 이르다, 대답하다, 답하다, 응답하다
corazón m. 마음
corrección f. 훈계
cosa f. 것, 물건, 사물
  cosa creada 피조물
  todas las cosas 모든 것들
cosechar tr. 심다
Creador m. 주(主), 신(神), 창조자
crear tr. 창조하다
creer tr. 믿다
  al que cree 믿는 자에게는
  para el que cree 믿는 자에게는
Cristo 그리스도
Cristo Jesús 그리스도 예수
criticarse r. 서로 비평하다
cruz f. 십자가
cubrir tr. 덮다
cuero m. 가죽; 가죽 부대, 부대
cuerpo m. 몸
cuidar tr. 지키다
culpable adj. 죄가 있는; m.f. 죄인
cumplir tr. 이행하다
curación f. 치료

hacer la curación 치료하다
curar tr. 고치다, 치료하다

dañar tr. 해치다
dar tr. 주다, 열매를 열게 하다
dar gracias 감사하다
dar testimonio 증언하다
decir tr. 말하다, 이르다
declararse r. 시인하다
debajo adv. 아래에
debajo de …의 아래에
débil adj. 약한
derecha f. 오른쪽
a la derecha 오른쪽으로
por la derecha 오른쪽으로
derecho, cha adj. 오른쪽의
a la mano derecha 오른쪽으로
derramar tr. 흘리다, 뿌리다
derribar tr. 헐다
deseo m. 욕심
desgracia f. 재앙
deslenguado, da adj. 입에 담지 못할 소리를 하는, 악담을 하는
despreciar tr. 업신여기다, 경멸하다, 멸시하다, 천대하다
destilar intr. 방울방울 떨어지다
destruir tr. 파괴하다, 헐다
día m. 낮
diferencia f. 차별, 구별, 차이
diligente m. 부지런한 자
Dios m. 하나님, 여호와
Dios (el) Padre 하나님 아버지

edificador m. 건축자, 건축가
edificar tr. 세우다
el que (관계 대명사) …하는 자, …하는 사람
el que confía 믿는 자
empobrecer intr. 가난하게 되다
encontrar tr. 발견하다, 찾다
enemigo m. 적
enemigo de Cristo 적그리스도
engaño m. 속임수, 사기
engradecerse r. 확대하다
enriquecer intr. 부유하게 되다
entrar intr. 들어가다
entregar tr. 건네주다, 넘기다, 인계하다, 양도하다
enviar tr. 보내다
escogido m. 택함을 받은 자
escuchar tr. 듣다
escudo m. 방패
espada f. 칼
espalda f. 등
volver la espalda 거절하다
esperanza f. 소망
esperar tr. 기다리다
espíritu m. 영(靈)
Espíritu m. 영(靈), 성령
Espíritu Santo 성령
esposa f. 아내, 신부

esposo m. 남편

estrella f. 별

estupidez f. 어리석음

eterno, na adj. 영원한

vida eterna 영생(永生)

fácil adj. 쉬운

fácilmente adv. 쉽게, 용이하게

faltar intr. 부족하다

fe f. 믿음

fiel adj. 충실한

fierro m. 철(鐵), 쇠

fin m. 마지막, 끝

flauta f. 퉁소

flor f. 꽃

fragancia f. 향기

fruta f. 과실; 열매

fruto m. 열매

el fruto del Espíritu 성령의 열매

fuego m. 불, 불꽃

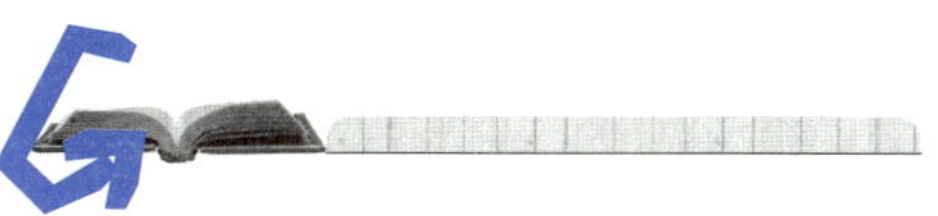

gente f. 사람, 백성

gloria f. 영광

gozarse r. 기뻐하다, 즐거워하다

gracia f. 은혜

gracias f.pl. 감사

dar gracias 감사하다

grano m. 낟알

grito m. 외침, 외치는 소리

guardar tr. 지키다

guardar silencio 잠잠하다, 침묵을 지키다

guerra f. 전쟁

hablar tr. 말하다

hacer tr. 하다, 행하다

hambre f. 기근

hecho m. 일, 행동

hecho, cha adj. 만들어진

heredar tr, 상속하다

heredar la vida eterna 영생을 얻다

herencia f. 상속

herida f. 상처, 부상

herido, da adj. 부상당한. m. 부상자

hermano m. 형제

hierba f. 풀

hierro m. 철(鐵)

hijo m. 아들, 자식

Hijo del Hombre 인자(仁者)

hombre m. 사람, 남자

hombre bueno 선한 사람

hombre honrado 의인

hombre malo 악한 자

honrado, da adj. 정직한

hoy adv. 오늘

hueso m. 뼈

impío m. 악인
indignarse r. 화내다
injusticia f. 불의(不義)
injusto, ta adj. 부당한, 옳지 못한
inteligencia f. 슬기
irritarse r. 화내다
Israel 이스라엘
israelita m.f. 이스라엘 자손, 이스라엘 사람
izquierda f. 왼쪽
  a la izquierda 왼쪽으로
  por la izquierda 왼쪽으로
izquierdo, da adj. 왼쪽의
  a la mano izquierda 왼쪽으로

jactarse r. 자랑하다
  jactarse de …을 자랑하다
Jehová m. 여호와
Jesucristo m. 예수 그리스도
Jesús m. 예수
juez m. 심판, 심판관
juicio m. 비판, 심판
justo, ta adj. 의로운, 의(義)의 m. 의인(義人)
juzgar tr. 판단하다, 심판하다, 비판하다
  ser juzgado 비판받다, 심판 받다

labio m. 입술, 입
leche f. 젖
legumbre f. 채소
lengua f. 혀
levantar tr. 세우다
levantarse ((재귀)) 일어나다
  levántate 일어나소서
ley f. 율법
Líbano m. 레바논
llamado m. 청함을 받은 자
llamar 두드리다, 부르다
  llamar a la puerta 문을 두드리다
llegar intr. 이르다, 도착하다, 오다
llevar tr. 열매를 열게 하다
llorar intr. 울다, 애통하다
locura f. 어리석음
luna f. 달
luz f. 빛

mal adj. 나쁜 ((malo의 o 탈락형))
mal m. 악, 재앙
maldad f. 악, 악의, 악행
maldecir tr. 저주하다
maldición f. 저주
malo. la adj. 나쁜. m. 악인
  lo malo 악(惡)
malvado m. 악인

malvado, da adj. 악한, 사악한. m. 악인
mandamiento m. 계명
mandar tr. 명령하다
mano f. 손
mar m. 바다
marchitarse r. 시들다
marido m. 남편
mejor adj. 더 좋은
menospreciar tr. 업신여기다
mentiroso, sa adj. 거짓의, 거짓말을 잘하는
merecido m. 마땅한 벌
miel f. 꿀, 벌꿀
misericordia f. 인자함
montaña f. 산
monte m. 산
morir intr. 죽다
mostrarse r. 되다, 행세하다
mucho, cha adj. 많은
muerte f. 사망, 죽음
mujer f. 여인, 아내, 여자
  mujer casada 결혼한 여인
mundo m. 세계, 세상

nacer intr, 낳다
nadie pron. 아무도 (…이 아니다)
necedad f. 어리석음
negar tr. 부정하다
niño m. 어린아이, 아이
no adv. 아니다
noche f. 밤
nombre m. 이름
nosotros, tras pron. 우리
novia f. 신부
nuestro, tra adj. 우리의

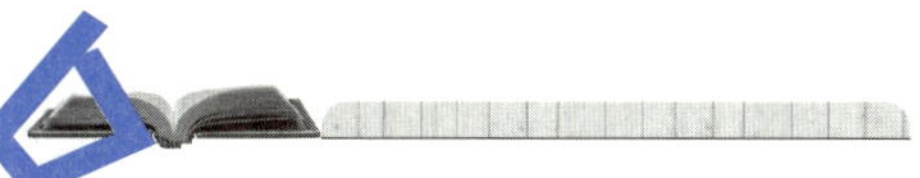

obedecer tr. 복종하다, 순종하다
odre m. 부대
oh interj. 오!
oído m. 청각, 귀
oír tr. 듣다
ojo m. 눈
ola f. 물결
olor m. 향기; 냄새
Omnipotente m. 전능자
onda f. 물결
oración f. 기도
orar tr., intr. 기도하다

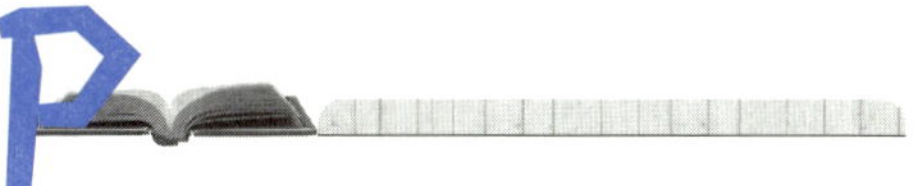

paciencia f. 오래 참음, 인내
padre m. 아비
Padre m. 아버지
  Padre celestial 하늘 아버지
pago m. 벌, 징계; 지불
paja f. 밀짚
palabra f. 말, 말씀
  palabra del Dios 하나님의 말씀

palabra del Señor 주의 말씀
Palabra del Señor 주의 말씀
panal m. 벌집
para prep. …을 위하여
para siempre 영원히
paterno, na adj. 아비의, 아버지의
paz f. 평화, 화평
pecado m. 죄, 죄악
pedir tr. 구하다
perder tr. 잃다
perdurar intr. 오래 가다
perezoso m. 게으른 자
permanecer intr. 거하다
pescador m. 어부
pie m. 발
a pie 걸어서
piedra f. 돌
plan m. 계획
plegaria f. 기도
pobre adj. 가난한. m.f. 가난한 자
poco adj. 적은
poder tr. 할 수 있다
poner tr. 놓다
porque conj. 왜냐하면, …이기 때문에
posible adj. 가능한
premio m. 상(賞)
prestar tr. 기울이다
prestar atención 귀를 기울이다
prestar oído 귀를 기울이다
principio m. 태초, 시작
en el principio, al principio 태초에
profeta m. 선지자
prójimo m. 이웃
propio, pia adj. 자신의
prosperar intr. 형통하다, 번영하다
protección f. 보호
prudente adj. 슬기로운, 신중한, 용의주도한
m. 슬기로운 자
pueblo m. 백성
puerta f. 문
puro, ra adj. 순수한

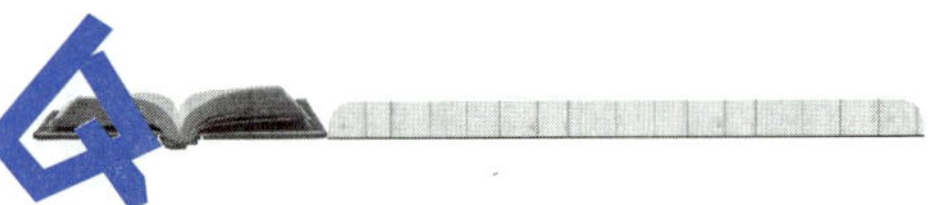

que pron. …하는
conj. …하는 것을
más … que ~ ~보다 더 …
qué pron. 무엇
por qué 무엇 때문에, 왜
quedar intr. 남다
queja f. 불평
quejarse r. 불평하다
querer tr. 원하다
querido, da adj. 사랑하는

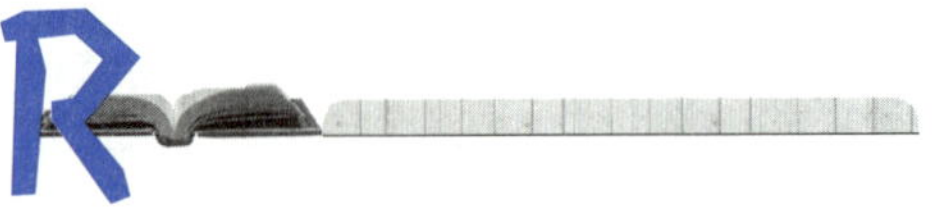

rebeldía f. 반란, 반역, 반역심
rebelión f. 반역, 반란, 모반
recibir tr. 받다, 영접하다
recoger tr. 심다
recompensa f. 상(賞)
red f. 그물
echar la red 그물을 던지다

regalo m. 선물
hacer regalos 선물하다, 선물을 주다
refugio m. 피난처
rehusar tr. 거절하다
reino m. 왕국
reino de Dios 천국, 하나님의 나라
Reino de Dios 하나님의 나라
reino de los cielos 천국
Reino de los Cielos 천국
reír 웃다
reírse de …를 비웃다
responder tr. 응답하다
respuesta f. 대답
resucitar tr. 소생시키다, 부활시키다. intr. 소생하다, 부활하다
río m. 강
riqueza f. 재물
romper tr. 부수다
ruina f. 멸망

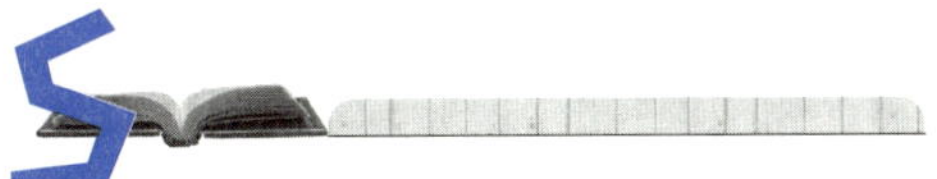

saber 알다
sabiduría f. 지식, 지혜
actuar con sabiduría 지혜롭게 행하다
caminar en sabiduría 지혜롭게 행하다
caminar con sabiduría 지혜롭게 행하다
sabio, bia adj. 지혜로운
la mujer sabia 지혜로운 여인
sal f. 소금
salir 나오다, 나가다.
salir de …에서 나오다
sano, na adj. 건전한
santificación f. 신성하게 하기.
santo, ta adj. 거룩한
gente santa 거룩한 백성
santa montaña 거룩한 산
secarse r. 마르다
segar tr. 거두다
seguir tr. 계속하다
seguir+inf. 계속해서 …하다
sembrar tr. 심다
sendero m. 길
Señor m. 여호와, 하나님, 주
Señor Jesús 주 예수
Señor Jesucristo 주 예수, 주 예수 그리스도
será ser 동사의 직설법 미래 3인칭 단수
seré ser 동사의 직설법 미래 1인칭 단수
siempre adv. 항상, 늘, 언제나
para siempre 영원히
silencio m. 침묵
guardar silencio 침묵하다, 잠잠하다
simiente m. 씨
sin prep. …없이
sino conj. …이 아니라
sinvergüenza m. 탐욕을 부리는 자
soberbio m. 교만한 자
sol m. 해
solamente adv. 단지, 뿐, …만
sólo adv. 단지, 오직, 뿐
solo, la adj. 단일의, 홀로
su adj. 그의, 그 여자의, 당신의, 자기의
súplica f. 기도

T

tampoco adv. 역시 …이 아니다

tan adv. 그렇게

temer tr. 두렵다, 두려워하다

tener tr. 가지다

terremoto m. 지진

tesoro m. 보물

testimonio m. 증언

  dar testimonio 증언하다

tierra f. 땅, 세상

todo pron. 모든 것, 모두

todo, da adj. 모든. pron. 모두

  todas cosas 만물

Todopoderoso m. 전능자

traer tr. 가져오다

triunfar intr. 형통하다, 승리하다

tuyo, ya adj. 너의. pron. 네 것

U

uno m. 하나, 1

  unos a otros 서로

  los unos a los otros 서로

  unos con otros 서로

uva f. 포도

V

vasija f. 부대, 그릇, 용기

vencedor m. 이기는 자

vendar tr. 싸매다

vender tr. 팔다

venir intr. 오다

verdad f. 진리

  en verdad 진실로

verdura f. 채소

vereda f. 길

vestido m. 옷, 의복

vida f. 생명

  vida eterna 영생

vinagre f. 식초

vivir intr. 살다

volver tr. 돌리다, 돌아오다

  volver la espalda 거절하다

Y

Yavé m. 여호와

yo 나

한국어-스페인어 단어

가깝다 acercarse
가난하게 되다 empobrecer
가난한 pobre
　가난한 사람 el pobre
　가난한 자 el pobre
가져오다 traer
가죽 부대 el orde
가지다 tener
간부(姦夫) el adúltero
간음하다 cometer adulterio
강 el río
거두다 segar, recoger, cosechar
거룩하다 (ser) santo
거룩한 백성 el pueblo consagrado, gente santa
거절하다 rehusar, volver la espalda
거하다 permanecer
건전한 sano
건축자 el constructor, el edificador
걷다 caminar, andar
　걸어서 a pie, caminando
게으른 자 el perezoso
결혼한 여자 la mujer casada
계명 el mandamiento
계속하다 seguir
　계속해서 …하다 seguir＋inf.
고치다 curar, hacer la curación
교만한 자 el soberbio, el altivo
구하다 pedir, buscar
그리스도 Cristo
그리스도 예수 Cristo Jesús
그물 la red
　그물을 던지다 echar la red
기근 el hambre
기다리다 esperar
기도 la oración, la súplica
기도하다 orar
기뻐하다 alegrarse, gozarse
기쁨 la alegría
길 el camino, el sendero, la vereda
꽃 la flor
꿀 la miel

나 yo
나무 el árbol, el bosque
나쁜 malo, la; mal
나오다 salir, brotar
낟알 el grano
남다 quedar
남자 el hombre
남편 el marido

낮 el día
낳다 nacer
높은 곳 la altura
눈 el ojo

단일의 solo, la
단지 solamente
달 la luna
답하다 contestar
대답 la respuesta
더 más
더 나쁜 peor
더 좋은 mejor
더하다 añadir, agregar
덜 menos
덮다 cubrir
도착하다 llegar
돌 la piedra
동요하다 alterarse
두렵다 temer
듣다 oír, escuchar
들어가다 entrar
땅 la tierra
떨어지다 caer

레바논 el Líbano

마땅한 벌 el merecido
마르다 secarse
마음 el corazón, el alma
마지막 el fin
만물 todas cosas
많은 mucho, mucha, muchos, muchas
말하다 decir
멸시하다 despreciar
멸망 la ruina
모독하다 blasfemar
모든 것 todo
몸 el cuerpo
문 la puerta
물 el agua
물결 la onda, el ola
믿음 la fe

바다 el mar
발 el pie
밤 la noche
방패 el escudo
백성 el pueblo, la gente.
벌 la abeja
벌(罰) el pago, el castigo
벌집 el panal
별 la estrella
보내다 enviar

보물 el tesoro
부대 el orde, el cuero, la vasija
부수다 romper
부정하다 negar
부족하다 faltar
부지런한 자 el diligente
부하게 되다 enriquecer
불 el fuego
불꽃 el fuego
비판 el juicio
  비판받다 ser juzgado
비판하다 juzgar
비평하다 criticar
  서로 비평하다 criticarse
빛 la luz
뼈 el hueso
뿌리다 derramar

사람 el hombre, la gente
  …한 사람, …한 자 el que
사랑 el amor
사랑하다 amar
사망 la muerte
사슴 la cierva, el ciervo
산 la montaña, el monte
살다 vivir
상(賞) el premio, la recompensa
생명 la vida
서로 unos a otros, unos con otros, los unos a los otros
선(善) lo bueno
선물 el regalo
선지자 el profeta
선한 사람 el hombre bueno
성(城) la ciudad
성령 el Espíritu, el Espíritu Santo
  성령의 열매 el fruto del Espíritu
세례 el bautismo
  세례를 주다 bautizar
세상 el mundo, la tierra
세우다 edificar, levantar, construir
소금 la sal
소망 la esperanza
손 la mano
수확 la cosecha
순수한 puro, ra
숲 el bosque
쉬운 fácil
쉽게 fácilmente
슬기 la inteligencia
슬기롭다 (ser) prudente
  슬기로운 자 el prudente
시들다 marchitarse
시인하다 confesar, declararse
식초 el vinagre
신부 la novia, la esposa
심다 sembrar
심판자 el juez
심판하다 juzgar
싸매다 vendar
씨 el simiente

아내 la mujer

아니다 no

아래에 debajo

…의 아래에 debajo de

아무도 (아니다) nadie

아버지 el Padre

아비 el padre

아비의 paterno, del padre

아이 el niño

악(惡) lo malo, el mal

악인 el impío, el malvado, el malo

악한 자 el hombre malo

알다 saber

애통하다 llorar

약간의 algunos, nas

어떤 alguno, na

어리석음 la estupidez, la necedad, la locura

어린아이 el niño

어부 el pescador

업신여기다 despreciar, menospreciar

여인 la mujer

여호와 Jehová, Señor, Dios, Yavé

역시 también

역시 …이 아니다 tampoco

열매 el fruto, la fruta

열매를 열게 하다 dar, llevar

영(靈) el Espíritu, el espíritu

영광 la gloria

영생 la vida eterna

영생을 얻다 heredar la vida eterna

영접하다 recibir

예수 Jesús

예수 그리스도 Jesucristo

오! oh

오다 venir, llegar

오래 참음 la paciencia

오직 solamente, sólo

옷 el vestido

욕심 el deseo

우리들 nosotros

우리들의 nuestro

우정 la amistad

원하다 querer

육체 la carne

율법 la ley

은혜 la gracia

음부(淫婦) la adúltera

응답하다 responder, contestar

의복 el vestido

의인 el justo, el hombre honrado

이르다 decir

이스라엘 Israel

이스라엘 자손 los hijos de Israel, las israelitas

이웃 el prójimo, el amigo

인자(仁者) el Hijo del Hombre

일부의 algunos, nas

일어나다 levantarse

입 la boca, el labio

입술 el labio

자랑하다 jactarse (de)
자식 el hijo
재물 la riqueza
재앙 el mal
저주 la maldición
저주하다 maldecir
적그리스도 el anticristo, el Anticristo, enemigo de Cristo
적은 poco
전능자 el Todopoderoso, el Omnipotente
전쟁 la guerra
젖 la leche
조용히 하다 callarse
좋은 bueno, na; buen
죄 el pecado
주 el Señor
주 예수 Señor Jesús, Señor Jesucristo
주의 말씀 la palabra del Señor, la Palabra del Señor
주다 dar
죽다 morir
죽음 la muerte
증언 el testimonio
증언하다 dar testimonio
지식 la sabiduría, el conocimiento, la ciencia
지진 el terremoto
지혜 la sabiduría
지혜롭다 (ser) sabio
지혜로운 여인 la mujer sabia
진리 la verdad
진실 la verdad
진실로 en verdad, de cierto
집 la casa

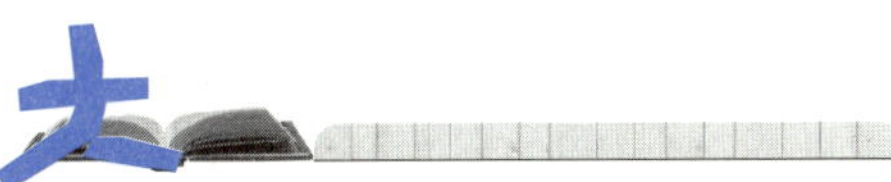

찬송 la bendición
창조하다 crear
채소 la legumbre, la verdura
천국 el reino de Dios, el reino de los cielos, el Reino de los Cielos
천지 el cielo y la tierra
철(鐵) el hierro, el fierro
청함을 받은 자 el llamado
축복하다 bendecir
충분한 bastante
충실한 fiel
친구 el amigo, la amistad
친밀한 fiel

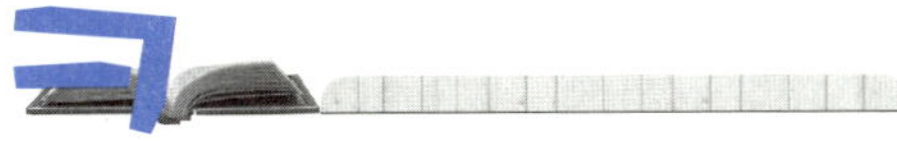

칼 la espada

탐욕을 부리는 자 el codicioso, el ambicioso, el sinvergüenza

태초 el principio, el comienzo de todo

태초에 en el principio, al principio, en el comienzo de todo

택함을 받은 자 el escogido

통소 la flauta

판단하다 juzgar

풀 la hierba

피조물 la cosa creada

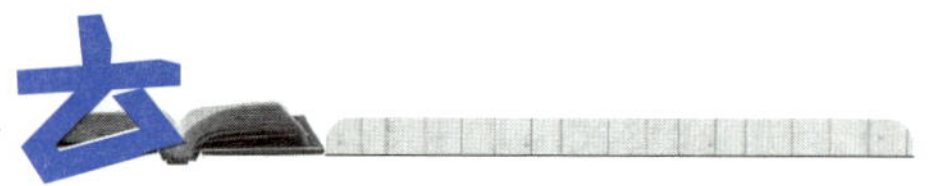

하나님 el Dios

하나님의 나라 el reino de Dios, el Reino de Dios

하나님의 말씀 la palabra del Dios

하늘 아버지 el Padre celestiral

할 수 있다 poder

항상 siempre, para siempre

해 el sol

행세하다 mostrarse

향기 la fragancia, el olor

헐다 destruir, derribar

혀 la lengua

형제 el hermano

화내다 indignarse

화평 la paz

확대하다 engrandecerse

확인하다 asegurar

훈계 el consejo, la corrección

흘리다 derramar